MY JOB
나의 직업

어쩌면 당신의 시선

© CGN089

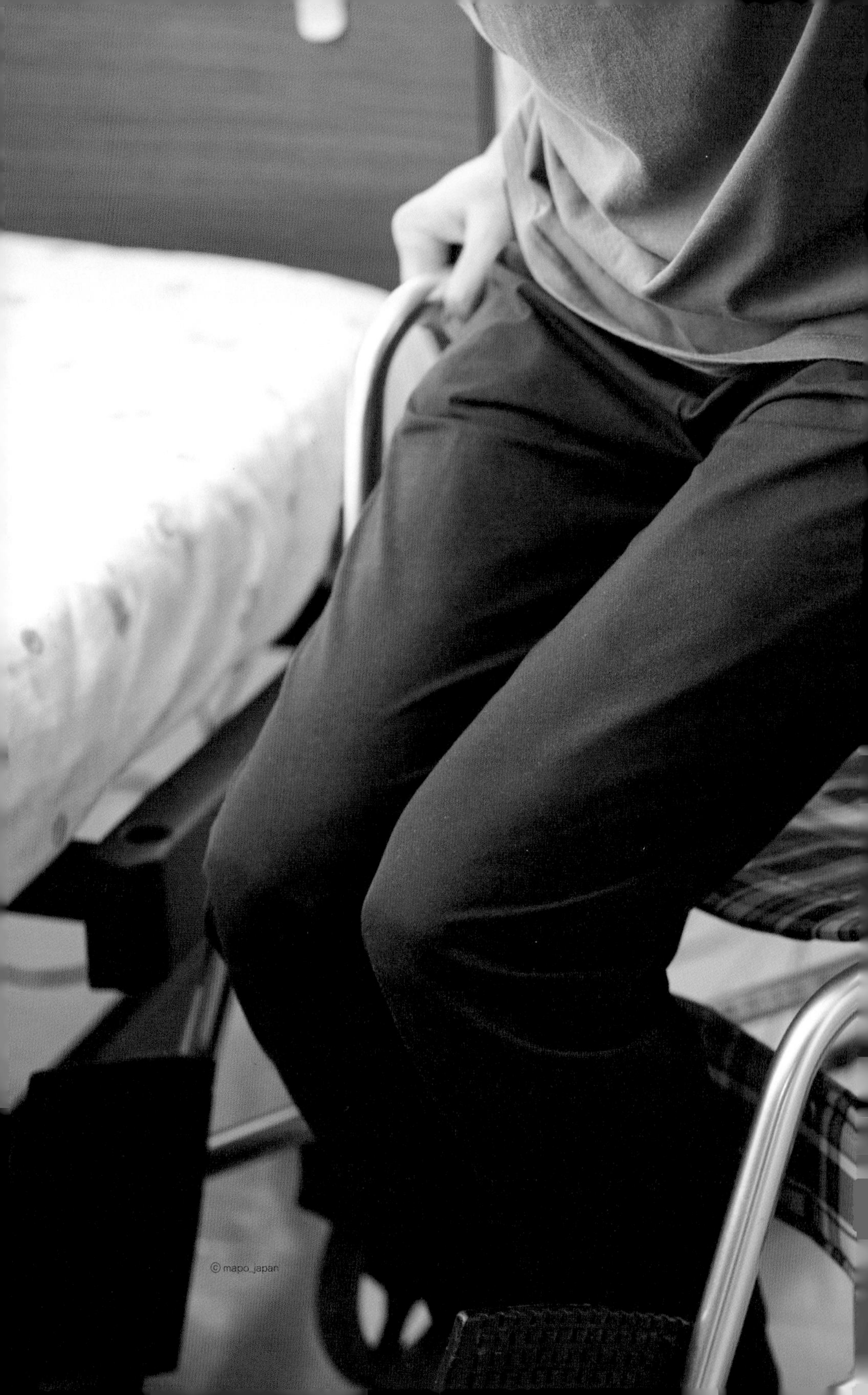

CONTENTS

Part One

History

Part Two

Who & What

Part Three

Get a Job

Part Four

Reference

사회복지사 윤리강령

사회복지사는 인본주의·평등주의 사상에 기초하여 모든 인간의 존엄성과 가치를 존중하고 천부의 자유권과 생존권의 보장 활동에 헌신한다.

특히 사회적·경제적 약자들의 편에 서서 사회정의와 평등·자유와 민주주의 가치를 실현하는 데 앞장선다.

또한 도움을 필요로 하는 사람들의 사회적 지위와 기능을 향상시키기 위해 저들과 함께 일하며, 사회제도 개선과 관련된 제반 활동에 주도적으로 참여한다.

사회복지사는 개인의 주체성과 자기결정권을 보장하는 데 최선을 다하고, 어떠한 여건에서도 개인이 부당하게 희생되는 일이 없도록 한다.

이러한 사명을 실천하기 위하여 전문적 지식과 기술을 개발하고, 사회적 가치를 실현하는 전문가로서의 능력과 품위를 유지하기 위해 노력한다.

이에 우리는 클라이언트·동료·기관 그리고 지역사회 및 전체 사회와 관련된 사회복지사의 행위와 활동을 판단·평가하며 인도하는 윤리기준을 다음과 같이 선언하고 이를 준수할 것을 다짐한다.

사회복지사 선서문

나는 모든 사람들이 인간다운 삶을 누릴 수 있도록
인간 존엄성과 사회정의의 신념을 바탕으로
개인·가족·집단·조직·지역사회·전체 사회와 함께한다.

나는 언제나 소외되고 고통받는 사람들의 편에 서서
저들의 인권과 권익을 지키며,
사회의 불의와 부정을 거부하고,
개인 이익보다 공공 이익을 앞세운다.

나는 사회복지사 윤리강령을 준수함으로써
도덕성과 책임성을 갖춘 사회복지사로 헌신한다.
나는 나의 자유의지에 따라 명예를 걸고
이를 엄숙하게 선서합니다.

Part One

History

01 복지사회와 사회복지

옛날의 유토피아,
무릉도원
→
오늘날의
복지사회로 탄생

복지사회

사람은 사회를 떠나서 살 수 없는 사회적 동물이라고 한다. 태어나서 죽을 때까지 사회의 한 구성원으로 살아가며 사회적 관계 속에서 일을 하고 생활한다.

그런데 우리가 살아가는 사회를 가만히 살펴보면 다양한 성격과 다양한 능력을 가진 정말로 많은 사람들이 함께 섞여 있음을 알 수 있다. 그러다 보니 사회생활에서 여러 가지 문제가 발생하게 되고, 그 문제로 말미암아 고생하고 상처받는 사람들이 생기게 마련이다. 잘살고 행복한 사람은 사회적으로 큰 문제가 될 게 없지만, 상처를 받거나 고생하는 사람들의 문제는 시대를 초월하여 사회적 차원에서 많은 생각을 해야만 한다.

문화가 오늘날처럼 발달하지 못했던 옛날에는 사람들의 생활

방식이 비교적 단순하고, 또 각자의 소망도 그다지 크지 않아 사회적 문제가 크게 발생하지 않았다. 당시의 사람들은 함께 일하고 함께 나누어 먹으며 살았다. 또한 공통의 신앙을 가졌으며, 강력한 사회적 정체성과 유대감을 가지고 있었다. 소망이 크지 않았기 때문에 생활에 대한 만족도는 오히려 현대인보다 더 높았을 것이다. 그리고 족장이나 제사장 같은 일부 지도자를 제외한 사회 구성원들은 비교적 평등한 생활을 하였다. 이러한 현상은 오늘날 언론을 통하여 간간이 소개되는 열대우림 지역의 원시종족사회에서 쉽게 찾아볼 수 있다.

그러나 인류의 문화가 발달하고 사회제도가 복잡해지면서 평등하게 살던 사람들이 각자의 능력에 따라 재산과 지위가 점점 달라지게 되었다. 이와 더불어 삶의 형태도 서로 차이 나게 되었다. 이러한 차이는 갈수록 커져 결국 사회 계층이라는 것이 만들어지게 되었다.

사회 계층은 우리 인류 역사에서 보편적으로 찾아볼 수 있는데, 문제는 이러한 사회 계층이 사람들의 삶을 제도적으로 구속하는 일이 자주 발생한다는 데에 있다. 이는 사회적 갈등을 일으키고,

나아가 사회를 불안하게 하는 원인으로 작용하기도 한다.

그래서 사람들은 이러한 사회적 갈등과 분열을 최소화하고 또 방지하기 위하여 그동안 많은 노력을 기울여 왔다. 하지만 오늘날의 사회 현실을 보면 사람들의 끊임없는 노력에도 불구하고 이러한 문제가 여전히 존재함을 알 수 있다.

어린아이와 노인은 젊은이에 비하여 경쟁력이 떨어지며, 장애가 있는 사람은 장애가 없는 사람에 비하여 살아가는 것이 더 힘들다. 또한 교육을 많이 받은 사람과 그렇지 못한 사람 사이에서도 생활 경쟁력의 차이가 발생한다. 부자와 가난한 사람 사이에서도, 재능이 뛰어난 사람과 떨어지는 사람 사이에서도, 심지어 사회에 따라 남자와 여자 사이에서도 이러한 차이가 나타난다.

이러한 차이로 인해 보다 풍요로운 생활을 즐길 기회가 상대적으로 많은 사람과 그렇지 못한 사람이 생겨나는데, 후자를 사회적 약자라고 한다.

문제는 이러한 사회적 약자가 개인의 능력이나 자질과 상관없이 사회제도나 사회체제로 말미암아 세습되는 사례가 점점 많아진다는 데 있다.

따라서 사회적 약자를 국가와 시민이 합심하여 도와줌으로써 사회적 약자도 사회의 건강한 구성원으로 함께 살아갈 수 있도록 다양한 기회를 제공하는 것이 바람직하다.

이처럼 모든 사람이 행복하게 사는 사회를 이상적(理想的) 사회라 생각하여 우리는 오랜 옛날부터 이러한 사회를 동경하였다. 이상사회에 대한 꿈과 이를 만들려는 노력은 인류 역사를 통하여 끊임없이 이어져 내려왔을 뿐만 아니라 역사 발전의 원동력이 되었다.

이상사회에 대한 사람들의 염원은 서양에서는 유토피아(utopia), 동양에서는 무릉도원(武陵桃源)으로 표상되었는데, 오늘날에는 동서양을 막론하고 복지국가 또는 복지사회 형태로 나타나고 있다. 그런 점에서 복지사회를 현대판 유토피아나 현대판

무릉도원이라고 생각하면 이해하기가 쉽다.

이처럼 복지사회(국가)는 사회의 모든 구성원이 행복하고 즐거운 생활을 할 수 있도록 국가 또는 사회적 차원에서 배려하고 실천하는 사회를 말한다. 그리고 이 복지사회가 배려하고 실천하는 내용을 사회복지(social welfare)라고 한다. 즉 사회복지를 이룩하기 위하여 제도를 만들고 정책을 집행하며 인력을 동원하는 사회가 곧 복지사회인 것이다.

사회복지는 특히 근대 산업혁명 이후 중요한 사회적 과제로 등장하여 오늘날 거의 모든 국가는 사회복지가 실현되는 복지사회 건설을 국가사회 발전의 목표로 삼고 있다. 이러한 측면에서 오늘날 한 사회의 사회복지 수준이 그 나라의 선진화 정도를 가늠하는 척도로 여겨지기도 한다.

이에 우리나라 또한 대한민국을 복지사회로 만들기 위하여 헌법에 다음과 같이 정해 놓았으며, 이러한 헌법 정신을 현실적으로 실천할 수 있도록 사회보장기본법과 사회복지사업법을 비롯한 여러 가지 관련 법률을 제정해 놓았다. 이로써 우리나라는 복지사회로 나아갈 수 있는 기틀을 갖추고 있다 하겠다.

사회복지의 출발점과 꿈꾸는 목표

〈출발점〉

사람은 윤리적인 생활체이다.

〈목표〉

■ 모든 사람이 사회의 건강한 구성원으로 함께 살아갈 수 있는 환경을 만드는 것.

■ 모든 사람이 인간다운 삶을 살아갈 수 있도록 환경을 만드는 것.

대한민국 헌법 제34조

1. 모든 국민은 인간다운 생활을 할 권리를 가진다.

2. 국가는 사회보장 · 사회복지의 증진에 노력할 의무를 진다.

3. 국가는 여자의 복지와 권익의 향상을 위하여 노력하여야 한다.

4. 국가는 노인과 청소년의 복지 향상을 위한 정책을 실시할 의무를 진다.

5. 신체장애자 및 질병 · 노령, 기타의 사유로 생활능력이 없는 국민은 법률이 정하는 바에 의하여 국가의 보호를 받는다.

6. 국가는 재해를 예방하고 그 위험으로부터 국민을 보호하기 위하여 노력하여야 한다.

사회복지 관련 법률

우리나라는 사회복지에 관한 선언적 의미를 갖는 헌법 정신을 구체적이고 현실적으로 실천하기 위하여 다음과 같이 다양한 사회복지 관련 법률을 제정하였다. 오늘날 사회복지 사업이나 활동은 모두 이러한 법률을 바탕으로 이루어진다. 법률을 바탕으로 이루어진다는 측면에서 사회복지 관련 행위는 사회봉사 활동이나 자선사업과는 구별된다.

사회복지 관련 법률들은 크게 모든 국민을 대상으로 하는 법과 사회적 약자를 대상으로 하는 법으로 나누어지며, 최근 다양한 영역에서 제정되고 있다. 이러한 법률들은 최소한의 인간다운 삶을 보장하려는 공통의 목적을 지닌다.

〈사회보험법〉

사회보장기본법, 국민건강보험법, 국민연금법, 고용보험법, 산업재해보상법, 노인장기요양보험법.

〈공공부조법〉

국민기초생활보장법, 의료급여법, 긴급복지지원법, 기초노령연금법.

〈사회복지서비스법〉

사회복지사업법, 아동복지법, 장애인복지법, 노인복지법, 한부모가족지원법, 정신보건법, 영유아보육법, 성매매 방지 및 피해자 보호 등에 관한 법률, 성폭력범죄의 처벌 및 피해자 보호 등에 관한 법률, 입양 촉진 및 절차에 관한 특례법, 일제하 일본군 위안부 피해자에 대한 생활안정 지원 및 기념사업 등에 관한 법률, 사회복지공동모금회법, 장애인·노인·임산부 등의 편의

증진 보장에 관한 법률, 가정폭력 방지 및 피해자 보호 등에 관한 법률, 농·어촌 주민의 보건복지 증진을 위한 특별법, 식품 기부 활성화에 관한 법률, 다문화가족지원법, 장애인연금법, 여성기업 지원에 관한 법률.

〈그 밖의 관련 법률〉

건강가정기본법, 자원봉사활동기본법,
저출산·고령사회기본법, 재해구호법, 국가유공자 등 예우 및 지원에 관한 법률, 청소년보호법, 여성발전기본법.

© imtmphoto

02 사회복지 업무의 제도적 의미

사회복지 업무 = 공공부조 + 사회복지서비스

복지사회가 이루고자 하는 내용을 사회복지라고 한다면 이 사회복지가 실현되도록 제도적으로 정하는 것을 사회보장이라 한다. 그리고 사회보장에 따라 만들어진 구체적인 실천 수단이나 방법을 사회보장책이라 한다.

사회보장책은 국가와 사회에 따라 구체적으로 서로 다른 부분이 있지만 일반적으로 사회생활 전반에 걸쳐 다양하게 수립되어 있다. 우리나라에서 사회보장은 '사회보험', '공공부조', '사회복지서비스' 및 '관련 복지제도' 등의 분야에서 행해지고 있으며, 이의 효율적인 집행을 뒷받침하기 위해 하위 법을 비롯하여 다양한 정책 및 추진 기관이 만들어져 활발하게 복지 업무가 추진되고 있다.

다음은 사회복지와 관련된 용어를 법으로 규정한 것이다.

문제는 이러한 용어들이 우리 사회에서 일반적인 생활용어로 자주 쓰인다는 데에 있다. 사회복지서비스가 대표적인 예로, 개인이나 사회단체가 남을 도와주는 데 곧잘 사용된다.

사회보장기본법 제3조

1. "사회보장"이란 출산, 양육, 실업, 노령, 장애, 질병, 빈곤 및 사망 등의 사회적 위험으로부터 모든 국민을 보호하고 국민 삶의 질을 향상시키는 데 필요한 소득 · 서비스를 보장하는 사회보험, 공공부조, 사회서비스를 말한다.

2. "사회보험"이란 국민에게 발생하는 사회적 위험을 보험의 방식으로 대처함으로써 국민의 건강과 소득을 보장하는 제도를 말한다.

3. "공공부조"(公共扶助)란 국가와 지방자치단체의 책임 하에 생활 유지 능력이 없거나 생활이 어려운 국민의 최저생활을 보장하고 자립을 지원하는 제도를 말한다.

4. "사회서비스"란 국가 · 지방자치단체 및 민간부문의 도움이 필요한 모든 국민에게 복지, 보건의료, 교육, 고용, 주거, 문화, 환경 등의 분야에서 인간다운 생활을 보장하고 상담, 재활, 돌봄, 정보의 제공, 관련 시설의 이용, 역량 개발, 사회참여 지원 등을 통하여 국민의 삶의 질이 향상되도록 지원하는 제도를 말한다.

5. "평생사회안전망"이란 생애주기에 걸쳐 보편적으로 충족되어야 하는 기본욕구와 특정한 사회위험에 의하여 발생하는 특수욕구를 동시에 고려하여 소득 · 서비스를 보장하는 맞춤형 사회보장제도를 말한다.

6. "사회보장 행정데이터"란 국가, 지방자치단체, 공공기관 및 법인이 법령에 따라 생성 또는 취득하여 관리하고 있는 자료 또는 정보로서 사회보장 정책 수행에 필요한 자료 또는 정보를 말한다.

따라서 일상생활에서 말할 때와 사회복지 문제를 이야기할 때 용어의 의미가 엄격히 달라진다는 점에 유의할 필요가 있다.

이러한 사회보장기본법을 비롯한 속칭 사회복지 법률은 1960년대에 들어와서야 만들어졌다. 문제는 사회복지에 대한 근본적인 개념 규정 없이 사회복지 관련 법률들이 제정되고, 또 일상생활에서 사용하는 사회복지라는 용어가 여과 없이 법률 용어로 사용되고 있다는 것이다. 사회복지에 관한 법률은 분명 있는데, 정작 사회복지가 무엇인지에 대해서는 법이 아닌 학술적 연구에 맡기고 있어 개념적으로 상당히 혼란스러운 실정이다.

무릇 어느 분야를 막론하고 하나의 용어에 대한 학술적 개념 정의는 연구자의 수만큼 다양해서 통일된 개념이 거의 없는 것이 현실이다.

예를 들어 사회복지사업법 제2조는 '사회복지사업'의 정의에서 "다음 각목의 법률에 의한 보호·선도 또는 복지에 관한 사업과 사회복지상담, 직업지원, 무료숙박, 지역사회복지, 의료복지, 재가복지, 사회복지관 운영, 정신질환자 및 한센 병력자 사회 복귀에 관한 사업 등 각종 복지사업과 이와 관련된 자원봉사 활동 및 복지시설의 운영 또는 지원을 목적으로 하는 사업을 말한다"라고 정의한다.

그러나 이것 역시 사회복지에 관한 개념이 아니고 무엇이 사회복지인지는 모르지만 사회복지와 관련 있다고 생각되는 사업들을 모아 놓은 것이다.

이처럼 오늘날 우리가 법률적으로 사용하고 있는 사회복지는 아주 넓은 개념으로 인류의 모든 행위가 사회복지라는 단어 속에 포함될 수 있어 지금 이야기하려는 전문 분야로서의 사회복지와는 거리감이 느껴진다.

따라서 현실적으로 사회복지의 제도적 의미를 파악하기가 어려워 결국 사회복지 수준을 향상시키는 데 장애 요소가 될 가능성이 충분히 있다.

이 책에서는 학생들의 이해를 돕기 위하여 '사회복지'라는 일반적 개념에 대한 논의는 복지사회가 추구하는 이념적 체계 속에 남겨두고, 사회복지사라는 직업과 관련하여 사회복지라는 개념을 설명하고자 한다.

여기에서 우리가 생각해야 할 것은 사회복지사라는 직업이 자연발생적으로 생긴 것이 아니고 제도적으로 만들어진 직업이라는 것이다. 따라서 사회복지사가 하는 일도 제도적으로 규정되는 것이 당연하다고 할 수 있다.

먼저 우리는 사회복지사가 사회복지와 관련된 모든 일을 하는 직업인이라고 생각해서는 안 된다. 그렇게 생각할 경우, 사회복지사를 일반적인 자선가나 사회사업가와 구분할 수 없게 될 뿐만 아니라 사회복지사의 전문성이나 특성을 설명할 수 없게 된다. 또한 사회복지와 관련된 일을 하고 있는 직업, 이를테면 청소년지도사, 직업상담사, 요양보호사, 다문화가정복지상담사, 창업지도사, 전문상담교사, 청소년상담사, 변호사, 방과후아동지도사, 자원봉사관리사, 심리재활전문가, 산업위생지도사, 공인노무사 등과도 구분할 수 없게 된다.

따라서 사회복지사 역시 다양한 사회복지 활동이나 사업 중 일정 분야의 일만을 전문적으로 다루는 직업인으로 생각해야지, 포괄적 의미의 사회복지 전반의 일을 하는 직업인으로 생각해서는 안 된다.

이러한 관점에서 사회복지사가 다루는 사회복지 업무는 일반적인 사회복지 업무 중에서 사회보장법 제3조 3호와 4호에서 규정하고 있는 공공부조와 사회복지서비스 업무에 한정하는 것이 바람직하다. 즉 생활 능력이 없거나 생활이 어려운 국민들에게 최저생활을 보장하고 동시에 그들이 자립할 수 있도록 상담, 재활, 직업의 소개 및 지도, 사회복지시설의 이용 등을 제공하여 정상적인 사회생활을 할 수 있도록 법적·제도적으로 도와주는 것이라고 보아야 한다.

이처럼 사회복지사와 관련하여 말하는 사회복지 업무는 공공부조와 사회복지서비스에 한정됨을 알 필요가 있다. 사회복지서비스 역시 사회복지에 관한 서비스가 아니라 사회보장기본법 제3조에서 말하는 사회복지서비스라는 것을 명심해야 한다.

사회복지와 자선사업, 어떻게 다른가

흉년이 들었을 때 생활이 어려운 사람들에게 양식을 나누어 주어 굶주림을 이겨낼 수 있도록 도와주는 자선사업은 아주 오랜 옛날부터 있어 왔다.

그런데 이런 일은 오늘날에도 여전히 이어지고 있다. 차이가 있다면 옛날에는 가끔 이런 일을 했지만 요즈음에는 일상적으로 한다는 것이다. 이는 산업이 발달하고 도시가 생겨나면서 '항상 가난한 사람(구조적 빈곤층)'들이 생겨났기 때문이다.

처음에는 이러한 가난이 가난한 사람 개인의 무능력과 게으름 때문이라고 생각하여 도움을 최대한 줄이면서 게으름을 교정하는 식으로 간여했다. 그리고 자비로운 마음 또는 인도주의적 차원에서 가난한 자들을 돕는다고 생각했다.

그러나 이러한 가난이 개인이 아닌 사회의 구조적 문제에서도 발생한다는 것을 알고 난 뒤에는 개인이나 민간 단체들은 이를 근본적으로 해결할 수 없다고 생각하여 국가나 사회가 구빈사업(救貧事業)에 적극 나서기 시작했다. 이를 사회복지사업이라고 한다. 일반적으로 법률로 활동을 규정하여 일정한 요건에 해당하는 모든 사람들을 대상으로 일괄적으로 지원한다.

그런 만큼 사회복지에 대한 생각은 일반적으로 자선사업보다 늦게 나타났다고 할 수 있으며, 어떤 측면에서 보면 자선사업의 발전된 형태라고 볼 수도 있다. 도움을 주는 대상도 처음에는 가난한 사람 중심이었지만, 점차 사회적으로 경쟁력이 약한 사람들로 확대되어 오늘날에는 어린이·여성·노인·장애인 등도 사회복지의 수혜자로 되었다.

따라서 사회복지는 자선사업보다 도움을 주는 대상이 넓고, 도와주는 내용 역시 다양하다.

사회복지사업이나 자선사업은 다 같이 남을 도와준다는 공통점이 있지만 곰곰이 생각해 보면 다음과 같은 차이점을 발견할 수 있다.

사회복지와 자선사업의 차이점

1. 주체 : 누가 중심이 되어 도와주는가?

- 사회복지 : 국가 · 지방자치단체
- 자선사업 : 개인 · 민간단체

2. 대상 : 누구를 도와주는가?

- 사회복지 : 요건에 해당하는 모든 사람
- 자선사업 : 주체자가 임의로 정한 소수의 사람

3. 형태 : 어떤 식으로 도와주는가?

- 사회복지 : 법(조례 포함)의 형식으로 제도를 만들어서 도와줌
- 자선사업 : 사업의 취지에 따라 직접 서비스(방문 전달)

4. 기간 : 얼마 동안 도와주는가?

- 사회복지 : 법이 폐지될 때까지 장기간 지속적으로 지원
- 자선사업 : 일시적 혹은 단기간

5. 내용 : 무엇으로 도와주는가?

- 사회복지 : 직접 서비스(돈 · 물자 · 용역)와 간접서비스(입소 · 결연 · 추천 · 교육)사회복지서비스≠사회복지에 관한 서비스
- 자선사업 : 직접 서비스(돈 · 물자 · 용역)

6. 법적 상황 : 도움을 받는 것은 권리인가?

- 사회복지 : 권리
- 자선사업 : 권리가 아닌 혜택

7. 추구 목표 : 도움을 주는 최종 목표가 무엇인가?

- 사회복지 : 더불어 함께 건강한 사회생활을 할 수 있도록
- 자선사업 : 어려운 문제 해결

8. 종사자 조건 : 이 일에 종사하는 사람이 갖추어야 할 조건은 무엇인가?

- 사회복지 : 사회복지 관련 지식(정책 · 법률), 조사 및 상담 기술
- 자선사업 : 조건 없음

03 사회복지와 관련된 일은 어떻게 할까?

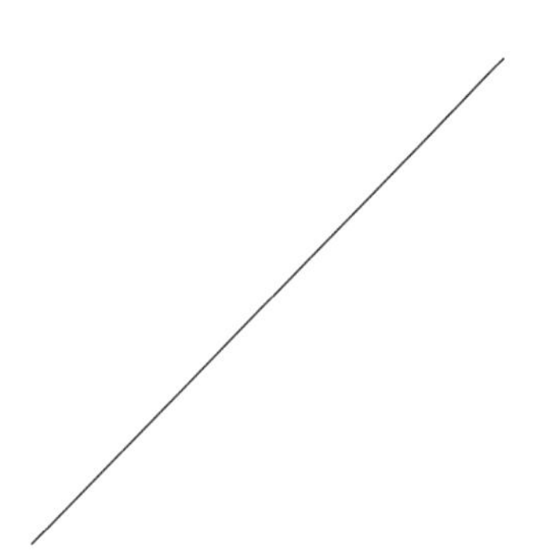

사회복지 업무의 주요 내용

사회복지사가 전문적으로 일을 처리하는 것을 사회복지
지원이라 한다. 이는 국가·지방자치단체 및 민간 부문의 도움이
필요한 모든 국민에게 기초생활 보장은 물론 상담, 재활, 직업의
소개 및 지도, 사회복지시설의 이용 등을 제도적으로 제공하여
정상적인 사회생활이 가능하도록 도와주는 것을 말한다.
사회복지는 앞에서 이야기한 것처럼 복지사회가 추구하는 모든
사항을 광범위하게 포괄하고 있어 오늘날 인류애적 활동은 거의
모두 사회복지와 관련된다고 할 수 있다.
그런데 사회복지 지원이나 서비스를 제공한다고 할 때
사회복지가 이렇게 많은 일을 모두 대상으로 하는 것이 아니다.
다음과 같이 법률이나 조례 등으로 정한 일만 하는 것이다.

따라서 사회복지사도 이와 관련되는 일만 하지, 사회사업이나 자선사업 또는 인도주의적 사업 등에 모두 관여하는 것은 아니다. 사회복지사가 다루는 주요 업무를 분야별로 나누면 다음과 같다.

1. 국민기초생활보장법에 의한 기초생활보호 업무
   - 기초생활보호대상자의 조사 및 보호의 결정에 관한 사항
   - 보호금품의 지급 등 기초생활보호대상자의 생계보호를 위한 업무
   - 직업훈련, 생업자금 융자, 취업알선 등 기초생활보호대상자의 자립 지원을 위한 업무
   - 기초생활보호대상자에 대한 개별 상담 및 사후관리
   - 기타 기초생활보호대상자를 위한 후원금품의 모집 및 후원자의 알선
   - 생계급여, 주거급여, 교육급여, 해산급여, 장제급여, 자활장려금 등의 지급 업무

2. 아동복지법에 의한 아동복지 업무
   - 보호가 필요한 아동에 대한 조사 및 보호의 결정에 관한 사항
   - 아동상담·지도 등 업무
   - 후원자 개발 등을 위한 업무
   - 소년소녀가정 지원금, 입양 아동 양육수당 등의 지급 업무

3. 노인복지법에 의한 노인복지 업무
   - 보호가 필요한 노인에 대한 조사 및 보호의 결정에 관한 사항
   - 재가노인복지사업 업무
   - 노인복지시설 보호조치 업무

- 기초노령연금 지급 업무

4. 장애인복지법에 의한 장애인복지 업무
   - 장애인 실태조사·등록 및 보호의 결정에 관한 사항
   - 장애인에 대한 상담·지도 및 장애인 시설 입소, 직업훈련, 취업 등 알선 업무
   - 장애인에 대한 지원 업무
   - 장애수당, 장애아동수당, 장애인 자녀 학비 등의 지급 업무

5. 한부모가족지원법에 의한 한부모가족복지 업무
   - 한부모가정 실태조사 업무
   - 한부모가정의 상담·지도 업무
   - 한부모가정 보호에 관한 지원 업무
   - 자녀교육비, 자녀양육비 등의 지급 업무

6. 민간기구나 민간단체의 복지 지원 연결 업무
   - 민간부문의 복지 지원 사업 내용 파악
   - 자원봉사자 모집 및 관리
   - 시민단체와 공동사업 기획 및 추진
   - 민간부문 복지사업 대상자 추천 및 연결 업무

사회복지 업무의 처리 절차

사회복지 지원을 받고 싶어하는 사람은 본인이나 그 가족, 또는 관계자가 읍·면·동사무소에 신청해야 한다. 그런데 주민이 사회복지서비스의 내용을 잘 모를 때에는 이를 신청할 수 없다는 단점이 있다. 이러한 점은 어떤 의미에서 보면 복지사회의 이념과 맞지 않는 부분이라 할 수 있다.

그런데 다행히 요즈음은 지역사회 복지서비스가 발달해

사회복지사나 사회복지전담 공무원들이 주민들에게 이러한 정보를 적극적으로 알려 주고 있어 사회복지 지원을 받을 수 있는 기회가 많아졌다. 경우에 따라 공무원이 복지서비스가 필요한 사람이라고 판단하면 직권으로 신청하기도 한다. 공무원이 신청할 경우에는 혜택을 받는 사람의 동의를 얻어야 한다.

일단 주민이 사회복지 지원을 신청하면 다음과 같은 절차를 거쳐 물질적 급여나 서비스가 신청자에게 제공되고 관리된다.

〈상담〉

사회복지서비스를 받고자 하는 사람은 전화를 하거나, 또는 직접 읍·면·동 사무소나 시·군·구청 담당 부서를 찾아가 급여 또는 서비스 내용과 신청 자격이 있는지를 상담받을 수 있다. 경우에 따라서는 담당 공무원이 신청하고자 하는 사람의 집을 직접 방문하여 상담하기도 한다.

상담 내용은 주로 요청자의 인적사항, 부양의무자 유무, 건강 상태, 소득·재산 상황 및 급여·서비스 지원 기준과 구비 서류 등에 관한 것이다.

〈신청〉

사회복지서비스를 받고자 하는 본인 또는 그 가족, 그리고 이해 관계자가 읍·면 사무소 혹은 동주민 자치센터에 사회복지 급여나 서비스를 신청한다. 이때 신청자의 요구와 상황을 정확히 파악하여 필요한 모든 서비스를 빠짐없이 신청하도록 한다. 그리고 신청 서류 작성은 확인된 정보를 반영하고 나머지 부분만 신청인이 작성하도록 하여 신청서 기재 사항을 최소화한다.

신청에 필요한 서류는 신청서와 소득·재산 신고서 및 그 밖의 구비 서류이다.

〈조사〉

통합조사관리팀이 접수된 신청서를 바탕으로 공식 자료를 정보시스템을 통하여 조사하고, 필요한 경우 추가 자료를 제출하게 하거나 직접 사는 곳을 방문하여 실태를 조사하기도 한다.

신청자가 사실과 다르다고 주장할 경우에는 입증 자료를 제출하게 하여 수정하기도 한다. 그리고 조사는 항목이나 방법을 통일하여 한 번에 끝나도록 하며, 조사된 정보는 공동으로 활용한다.

〈보장 결정〉

통합조사관리팀에서 조사한 결과를 바탕으로 해당 사업팀에서 신청자의 자격이 선정 기준에 맞는지를 종합적으로 검토하여 서비스 제공 여부와 급여 내용을 결정하고, 이를 신청자에게 서면으로 통지한다. 신청자가 요구할 경우에는 문자 서비스나 전자우편으로 통지할 수도 있다.

결정된 내용에 대하여 신청자가 이의를 제기할 경우, 조사에 관한 이의제기는 통합조사관리팀에서 처리하고, 나온 결과에 따라 사업팀에서 다시 검토하여 결정하며, 보장 결정 및 급여와 관련된 이의는 사업팀에서 바로 처리한다.

〈급여〉

사회복지 통합관리망과 전자결제 시스템을 연계하여 급여를 지급하며, 매달 통합조사관리팀에서 변동 사항을 반영하면 이를 토대로 급여를 지급한다. 이때 급여를 받는 수급자의 계좌는 단일화한다.

〈사후관리〉

소득이나 재산, 또는 인적사항이나 가족 구성원 등의 변동이 있는 경우, 매달 15일까지 이를 반영하여 급여를 지급한다. 동시에 부정 또는 중복 지급이 되지 않도록 하며, 빠진 서비스가 없도록 철저히 관리하고 잘못 지급된 부분은 환수한다. 또한 신청자의 생활환경이 개선되어 자격 기준을 초과하는 경우, 사업팀은 지급을 중지한다.

지역사회복지서비스란?

"지역사회복지란 주민의 복지 증진과 삶의 질 향상을 위하여 지역사회 차원에서 전개하는 사회복지를 말한다"(사회복지사업법 제2조 1의 2).

지역사회복지는 사회적 약자를 대상으로 제공되던 기존의 복지서비스가 신청자에 한하여 서비스를 제공하던 수동적 사회복지와는 다르다.

지역사회 복지는 여기에서 한 걸음 더 나아가 주민들의 삶의 질을 높이기 위하여 복지서비스 지원 기관이 능동적으로 사회복지 수요자들을 찾아다니면서 제공하는 서비스를 말한다. 오늘날 복지정책이 나아가는 방향이다.

특히 요즈음에는 사회복지통합관리망이 만들어져 사회복지사나 사회복지전담 공무원이 계획을 세우고 정기적으로 주민들을 찾아가 상담하고 필요한 정보를 제공하는 등 주민들에게 필요한 복지서비스를 제공하려 노력하고 있다. 그런 점에서 지역사회 복지서비스는 '찾아가는 복지서비스' 또는 '맞춤형 복지서비스'라 한다.

나눔벨
2조
6조
광명종합사회복지관
사회복지관

사회복지사 제도

사회복지사란?

고등교육기관(전문대학 · 대학 · 대학원)에서 사회복지학 전공 과목과 사회복지 관련 과목을 공부한 사람이나 이와 동등한 학력의 공부를 했다고 인정되는 사람, 또는 보건복지가족부 장관이 지정하는 교육훈련기관에서 4~24주(학력과 경력에 따라 기간이 다름) 동안 사회복지사업에 관한 교육훈련을 받은 사람 등에게 사회복지사업법에 따라 보건복지가족부 장관이 인정하는 자격 또는 이 자격을 가진 사람을 사회복지사라 한다.

이들은 교육기관에서 배운 전문적 지식과 기술, 즉 사회복지 이론, 사회복지정책, 사회복지 관련 법률과 제도, 사회복지 행정, 사회복지 수요 조사 방법, 상담 및 면접 방법, 사회복지 실천 계획 수립 등과 같은 지식과 기술을 가지고 사회적 약자(생계곤란자,

아동, 청소년, 노인, 장애인, 한부모가정)들에게 사회복지서비스를 제공하는 일에 참여하여 이들이 어려움을 딛고 사회의 건강한 구성원으로 생활할 수 있도록 도와준다.

사회복지사는 자선사업가나 자원봉사자와는 구분해야 한다. 자선사업가나 자원봉사자 역시 사회복지사처럼 대다수의 경우 사회적 약자를 대상으로 일한다.

하지만 이들이 자신의 재물이나 노동력을 직접 제공함으로써 사회적 약자의 어려움을 도와주는 데 비해 사회복지사는 사회적 약자에게 무엇이 필요한지, 그들이 처한 상황이 어떠한지를 면밀히 조사·분석하여 국가나 지방자치단체 또는 민간기구 등이 추진하고 있는 사회복지서비스를 제공받을 수 있도록 연결시켜 줌으로써 그들의 어려움을 해결해 준다.

경우에 따라서는 사회적 약자를 대신하여 그들이 사회복지서비스를 받을 수 있도록 도와주기도 한다. 나아가 사회적 약자에 대한 보다 현실적이고 효율적인 사회복지서비스가 이루어지도록 서비스의 내용이나 제공 절차 및 방법 개선 등을 국가나 지방자치단체에 요구하며 사회단체와 협력한다. 물론 경우에 따라서는 사회복지사도 요양시설이나 보호시설에 들어온 사람들을 돌보며 식사를 나르고 환자의 이동을 돕는 등, 직접 서비스를 제공하기도 한다.

하지만 사회복지 지원과 관련된 행정 업무와 사회적 약자를 위한 교육 및 복지 프로그램 기획과 연구, 그리고 자원봉사자 관리 등에 더 많은 시간을 보낸다.

이처럼 사회복지사는 '행동하는 지식인'의 모습을 하고 있는 것이 자선사업가나 자원봉사자와 다른 점이다. 또 제도적 범주 안에서 일정한 자격을 갖추고 법률에 근거하여 활동한다는 측면에서 일반적으로 말하는 사회운동가와도 다르다. 다음은 실천 행동적 측면에서 살펴본 사회복지사의 업무 형태이다.

- ■ 복지 대상자 발굴과 대상자 및 관련자를 상담하고 그 내용을 기록
- ■ 복지 지원 신청 접수, 지원 방향 및 목표 설정, 지원 절차 추진 또는 연결
- ■ 식사 보조, 이동 보조, 보건의료서비스 연계 및 보조 등등의 직접 서비스 제공
- ■ 복지서비스 제공과 관련한 주민 교육, 토론, 강연 및 연구 발표
- ■ 복지서비스 제공과 관련한 민간단체나 기구의 정보 조사, 결연 후원 및 관리
- ■ 사회복지 지원과 관련한 조사, 처리, 평가, 보고, 사후 관리 등의 행정 업무
- ■ 자원봉사자 모집, 교육 및 운용 관리
- ■ 사회복지 지원 프로그램 기획 및 추진
- ■ 복지 지원 사업 추진 업무지침 수립, 사업 기획, 예산 편성 및 재정 관리
- ■ 자기 능력 개발과 효율적인 업무 추진을 위한 연수 및 연구

활동

- 입소자나 환자에 대한 직접 서비스 제공과 행정적 조치 업무
- 복지 지원과 관련하여 지역 시민단체 및 관련 기관 등과 협력 체제 구축
- 복지서비스 제공 활동에 대한 홍보와 후원금 모금 및 관리
- 직원 고충 처리, 직원 교육, 업무 평가, 능률 개선 등의 조직 관리
- 사회적 약자를 찾아내어 사회복지 지원 및 서비스 혜택을 제공하는 활동

다음에 해당하는 자는 사회복지사가 될 수 없다.
(사회복지사업법 제11조의 2)

1. 피성년후견인 또는 피한정후견인.
2. 금고 이상의 형의 선고를 받고 그 집행이 끝나지 아니하였거나 그 집행을 받지 아니하기로 확정되지 아니한 사람.
3. 법원의 판결에 따라 자격이 상실되거나 정지된 사람.
4. 마약·대마 또는 향정신성의약품의 중독자.
5. '정신건강증진 및 정신질환자 복지서비스 지원에 관한 법률' 제3조제1호에 따른 정신질환자.

한국사회복지사협회가 말하는 사회복지사의 업무 내용

- 사회적 · 개인적 문제로 어려움에 처한 의뢰인을 만나 그들이 처한 상황과 문제를 파악하고 그들이 필요로 하는 서비스의 유형을 판단한다.

- 문제를 처리 · 해결하는 데 필요한 방안을 찾기 위해 관련 자료를 수집하고 분석하여 대안을 제시한다.

- 재정적 보조, 법률적 조언 등 의뢰인이 필요로 하는 각종 사회복지 프로그램을 기획 · 시행 · 평가한다.

- 공공 복지서비스의 전달을 위한 대상자 선정 작업, 복지조치, 급여, 생활지도 등을 한다.

- 사회복지 자원봉사자를 모집하여 교육시키고 배치 및 지도 감독을 한다.

- 사회복지정책 형성 과정에 참여하여 정책 분석과 평가를 하며 정책 대안을 제시한다.

사회복지사의 역사와 자격 제도

사회복지는 국가사회의 경제력과 직접적인 관계가 있는 만큼 나라 살림이 넉넉하지 못할 때에는 사회복지제도니 복지정책이니, 또는 사회복지사와 같은 말 자체가 없었다. 물론 국가의 경제력이 높다고 하여 사회복지제도나 복지정책이 전면적으로 실행되는 것은 아니다.

하지만 사회복지서비스를 제공하고 최소한의 생활수준을 보장해 주려면 나라가 어느 정도 잘살아야 한다는 것은 말할 나위가 없다. 따라서 우리나라도 1970년 이전까지는 고아원을 중심으로 한 사회복지시설만 있었을 뿐, 오늘날과 같은 사회복지제도나 정책 또는 종사자 자격 제도가 없었다.

그때까지는 주로 개인 자선사업가나 사회사업가 또는 종교기관을 비롯한 민간 단체들이 외국의 도움을 받거나, 개인의 재산을 출연하여 사회적으로 어려운 처지에 놓인 사람들을 개별적이거나 일시적 또는 부분적으로 도와주었을 뿐이다.

우리나라에서 사회복지사업법이 처음 제정된 것은 1970년 1월 1일이고, 사회복지사업 종사자의 자격에 대한 언급이 있었던 것도 이 법이 처음이었다. 그때까지만 해도 사회복지사라는 호칭도 없이 단지 '사회복지사업 종사자'라고 불렀다.

또한 자격증 이름도 '사회복지사업 종사자 자격증'이라고 하여 급수 구분 없이 한 가지였다. 4년제 대학 이상의 사회사업학과 졸업생에게 자격증이 주어졌으며, 그 밖의 학력 소지자는 일정한 기간(1~8개월) 보건사회부 장관이 정한 사회사업 종사자 훈련을 받거나, 또는 사회복지사업에 1~7년 이상 종사하였을 경우에 이 자격증을 주었다.

'사회복지사'라는 명칭은 1983년 5월 21일 개정된 사회복지사업법 제5조에서 처음 사용했으며, 1984년 2월 28일 전부 개정된 사회복지사업법 시행령에서는 사회복지사 등급을 학력과 학과에 따라 1·2·3등급으로 나누었다. 1급 사회복지사 자격증은 4년제 대학 이상의 사회복지학과, 사회사업학과 또는 사회복지 관련 학과를 졸업하고 학사학위 이상의 학위를 받으면 별도의 시험 없이 신청만 하면 받을 수 있었다. 그리고 이때까지는 사회복지사 자격증을 보건사회부 장관이 수여했다. 그러다가 1984년 8월 16일 사회복지사업법 시행규칙이 전면적으로 개정되면서 사회복지사 자격증 발급을 '한국사회복지협의회'에 위탁하였다.

또한 대학 학과 명칭을 중심으로 사회복지사 자격을 규정하던 것을 학과 명칭과 함께 사회복지와 관련된 전문 과목 이수 여부로 그 기준을 바꾸었다. 즉 학과 이름이 다를지라도, 법에서 정한 10개의 필수과목과 7개 이상의 선택과목을 배운다면, 사회복지 관련 학과로 인정하여 졸업자에게 사회복지사 자격증을 주었다.

자격증 발급 위탁 업무는 1998년 8월 11일 사회복지사업법 시행규칙의 전면 개정으로 1999년부터는 '한국사회복지사협회'에서 시행해 오고 있다.

1992년 12월 8일 개정된 사회복지사업법에 사회복지사 자격을 갖춘 자를 사회복지전담 공무원으로 임용한다는 규정이 신설되었으며, 같은 해 12월 26일에는 지방공무원임용령에 사회복지 직렬이 신설됨으로써 사회복지사가 경력직(정규직) 공무원으로 나아갈 수 있는 길이 열렸다.

그러나 사회복지전담 공무원은 2000년 1월 사회복지 전문요원이라고 불리던 별정직 공무원이 일반직 지방공무원으로 일괄 전환되면서 비로소 자리를 잡게 되었으며, 이후 빠른 속도로 그 인원이 늘어났다.

1997년 8월 22일 전면 개정된 사회복지사업법은 사회복지사의 전문성을 높이기 위하여 사회복지사 1급 자격증은 국가시험 합격자에게만 부여하기로 하고 2003년부터 시행에 들어갔다.

또한 1998년 7월 16일에 전면 개정된 사회복지사업법 시행령에서는 사회복지사 자격 기준을 사회복지학과나 사회복지 관련 학과를 졸업했느냐 아니냐에서, 사회복지학 전공 과목과 사회복지 관련 과목을 공부했느냐 아니냐로 변경하여 학과 명칭보다는 공부한 내용을 중심으로 자격을 부여하였다.

1999년 4월 30일 개정된 사회복지사업법에는 사회복지사 결격 사유가 추가되었으며, 같은 해 10월 30일 개정된 시행령에 구체적으로 규정되었다가 2005년에는 사회복지사업법으로 옮겨 규정하고 2007년 12월에 내용 일부를 개정하였다.

2004년 7월 31일 개정된 사회복지사업법 시행령에는 '사회복지 현장실습'이 사회복지사 2급 자격 요건으로 등장하였으며, 사회복지사 국가시험 과목이 변경되었다.

또 2008년 11월 5일 개정된 사회복지사업법 시행규칙에 필수과목 및 선택과목의 학점을 과목당 3학점 이상으로 규정하고, 사회복지 현장 실습에 관한 기준을 마련하여 2010년 1월 1일부터 시행하였다.

변경 전

- 인간행동과 사회환경
- 사회복지 정책론
- 사회복지 행정론
- 사회복지 실천론
- 사회복지 실천기술론
- 사회복지조사론
- 아동복지론 · 청소년복지론 · 노인복지론 · 장애인복지론 · 여성복지론 · 가족복지론 또는 정신보건사회복지론 중 1과목
- 지역사회복지론 · 산업복지론 · 의료사회사업론 · 학교사회사업론 · 정신건강론 · 교정복지론 · 사회문제론 · 자원봉사론 또는 사회복지법제 중 1과목

변경 후

- 사회복지 기초(인간행동과 사회환경, 사회복지조사론)
- 사회복지실천(사회복지실천론, 사회복지실천기술론, 지역사회복지론)
- 사회복지정책과 제도(사회복지정책론, 사회복지 행정론, 사회복지법제론)

사회복지학 전공 교과목과 사회복지 관련 교과목

■ 필수 과목(10개 과목)

사회복지학개론, 사회복지법제와 실천, 사회복지실천기술론, 사회복지실천론, 사회복지정책론, 사회복지조사론,사회복지행정론, 사회복지현장실습, 인간행동과 사회환경, 지역사회복지론

■ 선택 과목(7개 과목 이상)

가족복지론, 가족상담 및 가족치료, 교정복지론, 국제사회복지론, 노인복지론, 복지국가론, 빈곤론, 사례관리론, 사회문제론,사회보장론, 사회복지역사, 사회복지와 문화다양성, 사회복지와 인권, 사회복지윤리와 철학, 사회복지자료분석론,사회복지지도감독론, 산업복지론, 아동복지론, 여성복지론, 의료사회복지론, 자원봉사론, 장애인복지론, 정신건강론,정신건강사회복지론, 청소년복지론, 프로그램 개발과 평가, 학교사회복지론

필수과목 중 사회복지 현장실습에 관한 기준

■ 실습 기관 : 법 제2조 제1호에 따른 사회복지사업과 관련된 법인 · 시설 · 기관 및 단체로 한다.

■ 실습 지도자 : 사회복지사 1급 자격증을 소지한 자로서 3년 이상, 또는 사회복지사 2급 자격증을 소지한 자로서 5년 이상 사회복지 사업의 실무 경험이 있는 자가 실습을 지도하여야 한다.

■ 실습 시간 : 현장실습 시간은 120시간 이상으로 한다.

사회복지사의 법적 지위와 권리

사회복지사가 취업하여 활동할 수 있는 직장은 크게 공무원이 되는 것과 민간기관에 들어가는 것이다. 어느 곳에서 일하느냐에 따라 사회복지사의 법적 지위가 달라지며, 권한과 책임도 달라진다. 그러나 일의 효율성을 높이기 위하여 필요한 경우, 또는 정기적으로 교육을 받는데 이 때문에 일을 하지 못하더라도 불리한 대우를 받지 않는다는 것은 공통된다.

〈공무원이 되는 경우〉

사회복지 관련 일을 하는 공무원은 일반적으로 행정 공무원과 사회복지전담 공무원이 있는데, 사회복지사 자격을 가지고 있는 사람 중에서 뽑는 공무원을 사회복지전담 공무원이라고 한다. 공무원이 된 사회복지사는 공무원으로서의 법적 지위(경력직 공무원 중 일반직 공무원 : 우리가 통상적으로 알고 있는 정규직 공무원을 말한다)를 가진다.

■ 신분에 관한 권리

사회복지전담 공무원은 일반직 지방공무원으로, 국민을 위한 능률적이고 일관성 있는 전문 행정이 이루어지도록 법률의 보호를 받는다. 그래서 정치권력이나 상급자의 횡포로부터 보호를 받으며 지방공무원법에 정해진 사유가 아니고는 함부로 해고당하지 아니하고 승진이나 인사에 불이익을 당하지도 않는다.

만일 부당한 조치가 있다면 즉시 소청위원회에 소청 심사를 신청하여 부당한 조치를 철회하도록 요구할 수 있고, 그래도 억울한 일이 있다면 행정소송을 제기하여 자신의 권익을 되찾을 수 있다.

공무원이 된 사회복지사는 이러한 신분의 보장을 받는 반면, 공무원이기 때문에 민간기관에서 일하는 사회복지사와 달리

헌법 제7조

1. 공무원은 국민 전체에 대한 봉사자이며, 국민에 대하여 책임을 진다.

2. 공무원의 신분과 정치적 중립성은 법률이 정하는 바에 의하여 보장된다.

지켜야 할 의무

■ 성실의 의무, 복종의 의무, 직장 이탈의 금지, 친절 · 공정의 의무, 종교 중립의 의무, 비밀 엄수의 의무, 청렴의 의무, 품위 유지의 의무

할 수 없는 일들

■ 영리 업무 및 겸직 금지 : 공무 이외의 영리를 목적으로 하는 일을 할 수 없으며, 소속 기관장의 허가 없이 다른 직무를 겸할 수 없다.

■ 정치 운동 금지 : 민간기관에서 일하는 사회복지사와는 달리 정당이나 정치단체에 관여할 수 없으며 선거 운동에 개입하거나 이와 관련된 어떠한 행위도 할 수 없다.

■ 집단행위 금지 : 노동 운동이나 기타 공무 이외의 일을 위한 집단적 행위를 하여서는 안 된다. 다만 사실상 노무에 종사하는 공무원은 예외로 한다.

지켜야 할 의무와 할 수 없는 일도 있다는 것을 알아야 한다.

■ 직무에 관한 권리

사회복지전담 공무원은 전문가로서 사회복지 업무에 관해서는 배타적 권리를 가지고 일을 처리할 수 있다. 이 역시 법률로 정해져 있다.

1. 사회복지사업 관련 업무는 사회복지사업법에 따라 사회복지사 자격을 가진 공무원이 전담한다.
2. 사회복지전담 공무원은 그 관할 지역 안의 사회복지를 필요로 하는 사람 등에 대하여 항상 그 생활 실태 및 가정환경 등을 파악하고, 사회복지에 관해 필요한 상담과 지도를 행한다.
3. 관계 행정기관이나 사회복지시설을 설치·운영하는 자는 사회복지전담 공무원의 업무 수행에 협조하여야 한다.

■ 보수에 관한 권리

월급은 봉급과 수당으로 이루어지는데, 사회복지전담 공무원은 지방공무원 보수 규정에 따라 매달 월급을 지급받으며, 퇴직시 연금은 물론이고 업무 수행에 필요한 경비를 실비로 변상받을 수 있다.

■ 휴직에 관한 권리

지방공무원법 규정에 의하여 사회복지전담 공무원은 질병이나 사고, 병역, 가족 간호, 해외 유학이나 연수, 출산, 국제기구 근무 등의 이유로 일정 기간 휴직을 할 수 있으며, 휴직 기간에도 법의 규정에 따라 월급의 일부를 받을 수 있다.

■ 그 밖의 권리

사회복지전담 공무원은 승진·전보·후생·교육·수당 등 모든 면에서 다른 일반 공무원과 동일한 대우를 받는다.

〈민간 기관의 직원이 되는 경우〉

사회복지사가 민간 복지법인이나 시설에 직원으로 취직할 경우에는 일반 근로자와 동일한 법적 지위를 가짐과 동시에 전문가로서 의사나 변호사처럼 특정 분야의 일에 대해서는 독점적인 권한을 갖는다.

■ 근로자로서의 지위

사회복지사는 임금을 받고 일하는 근로자로서 근로계약을 체결하고, 근로계약에 따른 임금을 받으며, 부당하게 해고를 당하지 아니하는 등 일반 근로자로서의 지위를 가진다.

만일 부당 해고되었을 경우에는 근로기준법에 따라 노동위원회에 구제를 신청할 수 있으며, 매년 일정 기간 월급을 받으면서 휴가를 보낼 수 있다. 또한 기관이나 회사의 잘못으로 인하여 휴업할 경우에는 월급의 일정 금액을 수당으로 받을 수 있으며, 일을 하다가 생긴 재해에 대해서도 보상을 받을 수 있다.

그리고 여성의 경우 출산휴가가 있으며, 이 경우 일정 기간 법에 규정한 월급을 받으면서 휴가를 갈 수 있다.

또한 법에서 정한 근로시간 이외로 일을 할 경우에는 별도로 수당을 더 받을 수 있으며, 산재보험·의료보험·국민연금·고용보험·장기요양보험 등 5대 보험의 혜택을 받는다. 실직을 하였을 때에는 고용보험법에 따라 실업급여를 받을 수 있으며, 아이를 키우기 위해 휴직했을 경우에는 육아 휴직 급여를 받을 수 있다.

근로자로서 사회복지사는 근로조건의 유지·개선과 근로자의 경제적·사회적 지위의 향상을 도모하고, 노동관계를 공정하게 조정하여 노동쟁의를 예방·해결하기 위하여 헌법에서 보장한 근로자의 단결권·단체교섭권 및 단체행동권을 행사할 수 있다. 또한 노사 문제가 발생했을 때에는 노동 관련 법규의 보호를 받으며, 부당노동행위로부터 구제받을 수 있다. 업무와 관련해서는 부여된 직위에 따르는 권한을 가지며, 개선안을 제안하고 공동의사 결정에 참여한다.

■ 전문가로서의 지위

사회복지사는 국가가 인정하는 사회복지 전문가로서 사회복지법인 또는 사회복지시설의 업무 중에서 다음 일에 대해서는 독점적인 권한을 갖는다. 즉, 사회복지사만이 이 일을 할 수 있다.

1. 사회복지 프로그램의 개발 및 운영 업무
2. 시설 거주자의 생활지도 업무
3. 사회복지를 필요로 하는 사람에 대한 상담 업무

(사회복지사업법 시행령 제6조 참조)

따라서 법으로 특별히 정해 놓은 일부를 제외한 모든 사회복지법인이나 사회복지시설에서는 반드시 사회복지사를 의무적으로 채용하여야 한다.

PDF/A 모드에서 이 문서를 보고 있습니다
❶ 쉬워요
3. 가: 과일을 많이 샀어요?
나: 아니요, ( ) 샀어요
① 너무 ② 조금
4. 가: 수미 씨가 언제 나갔어요?
나: 30분 전에요. 곧 ( )
5. 가: 그 식당은 낮에 손님이 많아요?
나: 네, ( )에도 많아요
① 밤 ② 아침

05 사회복지사 자격증 및 주요 취업처

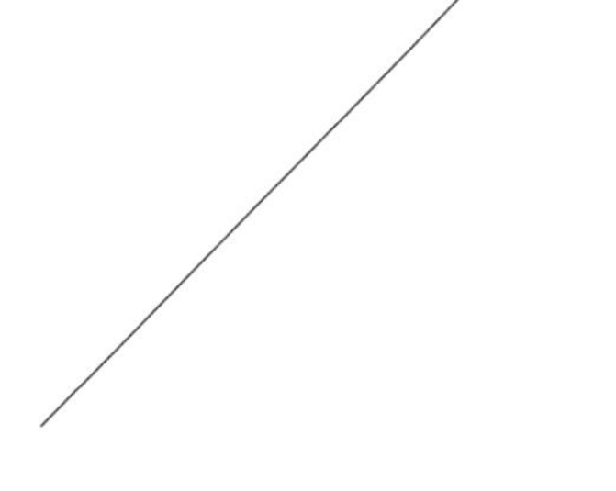

급수별 자격증 발급 현황

1996년에 2,658명이었던 사회복지사 자격증 취득자는 10년 후 2006년에는 3만 3,315명, 2009년에는 6만 8,578명으로 급격하게 늘어났다. 그리고 2021년에는 9만 3,535명이나 될 정도로 사회복지사 자격 취득자 수는 계속 증가하고 있다.

2022년 1월 기준으로 사회복지사 자격증을 받은 사람 모두 130만 878명이다. 이들을 성별로 구분해 보면 여성이 96만 8,514명으로 전체 사회복지사의 약 74%를 차지하고 있어 이 분야에 여성의 진출이 활발함을 알 수 있다.

그중에서 1급 자격증을 갖고 있는 사람은 전체의 약 14%에 해당하는 약 13만명이며, 대다수는 2급 사회복지사 자격증을 가지고 있다. 3급 사회복지사는 1999년 이후 그 수가 급격히 줄어들어 2016년에는 3급 자격 취득자 수가 162명, 2021년에는 단 3명으로 사회복지사 자격증을 받은 사람 중 0.1%에 불과하다. 이처럼 3급 자격 취득자 수는 해마다 줄어들고 있다.

〈2001년 이후 사회복지사 자격증 발급 누진 통계 (2022년 기준)〉

구분	1급 합계 (남성/여성)	2급 합계 (남성/여성)	3급 합계 (남성/여성)	총 합계 (남성/여성)
2001년	30,028 (8,801/21,220)	13,292 (3,047/10,245)	9,273 (2,043/7,230)	52,593 (13,898/38,695)
2005년	55,299 (14,472/40,827)	63,927 (14,811/49,116)	10,773 (2,579/8,194)	129,999 (31,862/98,137)
2010년	90,988 (22,762/68,226)	309,612 (83,515/226,097)	12,215 (3,215/9,000)	412,815 (109,492/303,323)
2016년	133,205 (33,206/99,999)	717,782 (188,429/529,353)	13,282 (3,737/9,545)	864,269 (225,372/638,897)
2021년	178,648 (45,267/133,381)	1,108,656 (283,219/825,437)	13,574 (3,878/9,696)	1,300,878 (332,364/968,514)

〈자료: 한국사회복지사협회〉

〈연도별 사회복지사 자격증 발급 현황 (2022년 기준)〉

구분	1996년	2000년	2005년	2010년	2016년	2021년
1급	1,373	4,423	4,421	9,733	9,528	16,355
2급	343	2,492	20,348	65,229	65,508	77,174
3급	942	239	585	202	162	6
합계	2,658	7,154	25,354	75,164	75,198	93,535

〈자료: 한국사회복지사협회〉

주로 어디에 취업하나

오늘날 갈수록 인기가 높아지고 있는 사회복지사는 사회문화와 국가 경제의 발달과 더불어 현대 사회에서 중요한 역할을 수행하는 전문 직업인이다. 특히 삶의 질을 향상시키고자 하는 현대인의 욕구가 높아지면서, 사회복지서비스 역시 최소한도의 생활 보장이라는 단계를 넘어 이제는 보다 적극적이고 문화적인 차원으로 나아가고 있다.

따라서 사회복지서비스의 전문가인 사회복지사에 대한 수요는 점점 더 늘어날 것이며, 그들이 제공하는 서비스 영역도 확대되어 나갈 것이다.

이러한 사회적 배경으로 볼 때 사회복지사의 취업 분야 역시 다양하다. 이중에서 가장 많이 취업하는 곳은 지방자치단체와 사회복지법인, 사회복지시설이다.

특별시·광역시·도·시·군·구 등으로 불리는 지방자치단체는 관할 지역 내에서 생활하는 지역민들에게 사회복지와 관련한 여러 가지 서비스를 제공하고, 사회복지 정책을 집행하기 위하여 사회복지사 자격을 갖춘 사람들 중에서 사회복지전담 공무원을 뽑는다.

또한 사회복지법인이나 사회복지시설 역시 사회복지와 관련한 서비스를 기획하고 제공하기 위하여 사회복지사들을 채용하고 있는데, 이들은 사회복지 업무에 대하여 전문가로서 독점적 권한을 행사한다.

물론 이러한 기관들 말고도 의료기관, 교육기관, 각종 협회 및 단체 등과 같은 기관이나 사회단체에서 사회복지와 관련된 일을 하는 많은 사회복지사들이 있지만, 여기에서는 설명을 생략하기로 한다.

〈지방자치단체의 사회복지전담 공무원〉

시청이나 군청 혹은 구청에서 사회복지 관련 일을 하는 공무원을 사회복지담당 공무원이라고 부르는데, 이들 공무원은 일반 행정에 관한 지식을 가진 행정직 공무원과 사회복지에 관한 전문 지식과 기술을 가진 사회복지직 공무원으로 나뉜다.

이중에서 사회복지직 공무원은 반드시 사회복지사 자격증을 가진 사람 중에서 선발하도록 하고 있다. 이러한 사회복지직 공무원을 사회복지전담 공무원이라고 부르는데 이들은 사회복지서비스 실무와 관련된 전문적인 업무를 처리한다.

아래 표에서 보듯이 사회복지 담당 공무원 중에서 사회복지사 자격증을 가진 사회복지직 공무원의 수가 점차 늘어나고 있는데, 앞으로는 더 빠른 속도로 증가할 것으로 보인다.

〈사회복지 담당 공무원 현황〉

구분	2007년	2008년	2010년	2016년	2021년
일반행정직	12,635(56%)	10,638(52%)	12,125(54%)	15,453(43%)	14,057(32%)
사회복지직	10,113(44%)	9,945(48%)	10,335(46%)	20,307(57%)	29,572(68%)
공무원 총수	22,748명	20,583명	22,460명	35,760명	43,629명

〈자료 : 2023 주요 업무 참고 자료, 보건복지부〉

〈공무원 직급별 사회복지전담 공무원 수〉

구분	4급	5급	6급	7급	8급	9급	합계
현원	23명	728명	5,261명	8,509명	8,370명	5,956명	28,847명

〈자료 : 2023 지방자치단체 공무원 인사 통계, 행정안전부〉

〈사회복지법인과 사회복지시설〉

'사회복지법인'이란 사회복지사업을 할 목적으로 보건복지부 또는 지방자치단체의 허가를 받아 법원등기소에 설립을 등기한 법인을 말하는데, 여기에는 두 종류가 있다.

하나는 사회복지서비스를 제공할 시설을 만들어 운영하려는 사회복지법인으로, 이를 '시설법인'이라고 부른다.

또 하나는 시설은 운영하지 않고 다만 사회복지사업을 지원하는 사회복지법인으로, 이를 '지원법인'이라고 부른다.

그런데 사실 사회복지법인의 이름만을 보고는 그 사회복지법인이 '시설법인'인지, '지원법인'인지를 쉽게 구분할 수 없다.

사회복지법인은 사법인이며, 비영리법이고, 재단법인의 형태를 띠고 있다.

현재 보건복지부 통계에 따르면 사회복지법인 수가 3,015개이다. 이중에서 복지재단·종합복지원·사회복지회 ·아동재활원·나눔의 집 등과 같은 시설법인의 수는 2,730개이고, 사회복지협의회·노인생활지원재단·의료봉사단·사랑나눔회·한아름 등과 같은 지원법인은 285개인 것으로 나타났다.

한편 '사회복지시설'은 국가, 지방자치단체, 사회복지법인(시설법인) 또는 개인이 사회복지사업법 제2조에서 규정한 '사회복지사업'을 행할 목적으로 설치한 시설을 말한다.

예를 들면 사회복지관, 노숙인시설, 노인복지시설, 아동복지시설, 장애인복지시설, 지역자활센터, 다문화가족지원센터 등이 여기에 해당한다.

그런데 사회복지시설 역시 장기간 이 시설에 거주하면서 서비스를 제공받을 수 있는 '생활시설'과 일시적으로 방문하여 서비스를 받을 수 있는 '이용시설'로 나뉜다.

대표적인 생활시설로는 '노인주거복지시설', '아동양육시설', '공동생활가정', '모(부)자보호시설', '장애인생활시설',

'정신요양시설' 등이 있고, 대표적인 이용시설로는 '사회복지관', '상담보호센터', '지역아동센터', '장애인직업재활시설', '여성복지관', '자활지원센터', '가정폭력상담소', '보육시설' 등이 있다.

보건복지부의 「2022 주요업무 참고자료」에 따르면 2021년말 전국적으로 6만 594개소의 사회복지시설에서 약 66만명의 종사자가 일하고 있다. 이 가운데 생활시설은 8,511개소(종사자 수: 약 16만명), 이용시설은 5만 2,083개소(종사자 수: 약50만명)이다.

이러한 사회복지시설에 취직한 사회복지사는 일반적으로 시설장인 경우에는 65세까지, 그 밖의 근무자는 60세까지 근무할 수 있다. 그러나 특별한 경우에는 나이를 초과해도 계속 근무할 수 있다. 사회복지사들이 자신들의 전문지식과 기술을 살려서 가장 많이 취업하는 곳이 바로 위와 같은 사회복지법인이나 사회복지시설이다.

한국사회복지사협회의 조사 통계에 따르면 현재 약 50만명의 사회복지사들이 취업하여 한 달 평균 258만원의 월급을 받으며 1주일에 49.2시간 일하는 것으로 나타났다.

그런데 이들 중 74.9%가 여성으로, 여성의 사회복지사 자격증 취득률과 거의 비슷하다. 이는 사회복지사 자격증을 가지고 있는 사람의 4분의 3이 여성이고, 사회복지기관에서 사회복지사로 일하고 있는 사람의 4분의 3도 여성이라는 말이다. 그만큼 여성들이 사회복지와 관련된 일에 관심이 높다는 것을 보여준다. 동시에 사회복지서비스를 제공하는 일이 실질적으로도 여성들에게 더 적합하다.

그런데 여성 종사자들이 많다 보니 장기간 일하는 사람들이 많지 않아서 사회복지사로 일하는 평균 근무 기간이 5.4년밖에 되지 않을 정도로 짧다. 평균 연령 역시 34.8세로 비교적 젊은 편이다. 이는 교사직이나 농·어업 관련 직업을 제외하면 여성

법인이란?

〈법인〉

비록 사람은 아니지만 법률에 의하여 사람처럼 권리와 의무를 갖는 사회단체로 법원등기소에 설립 등기를 해야 효력이 발생한다.

〈법인의 종류〉

■ 외국 법인과 내국 법인 : 본점이나 주된 사무소가 외국에 있거나 외국 법에 따라 만든 법인을 외국 법인이라 하고, 본점이나 주된 사무소가 국내에 있든지 국내법에 따라 설립된 법인을 내국 법인이라고 한다.

■ 공법인과 사법인 : 국가 · 지방자치단체 또는 공공기관이 헌법 · 국회법 · 행정법령 등과 같은 공법에 따라 공공의 목적을 위하여 설립된 법인을 공법인이라고 하고, 민법 · 상법 등과 같은 사법에 따라 설립되는 회사 · 사단법인 · 재단법인 · 사회복지법인 등을 사법인이라고 한다.

■ 영리법인과 비영리법인 : 돈을 벌기 위한 목적으로 설립되는 법인을 영리법인이라 하는데 회사가 대표적인 예라고 할 수 있다. 영리법인 이외의 법인을 비영리법인이라고 하는데, 비영리법인도 설립 목적에 벗어나지 않는 범위 내에서 조금의 영리 활동은 가능하다.

■ 사단법인과 재단법인 : 사단법인은 일정한 목적을 위하여 모인 사람들의 조직을 말하며, 재단법인은 특정 목적을 위하여 바쳐진 재물(금전 · 부동산…)을 중심으로 만들어진 조직을 말한다.

〈전국 시 · 도별 사회복지법인 현황〉

(단위: 개소)

구분	시설법인	지원법인	계
서울	213	97	310
부산	213	15	228
대구	177	7	184
인천	45	5	50
광주	140	3	143
대전	98	6	104
울산	47	3	50
세종	18	1	19
경기	237	40	277
강원	178	24	202
충북	146	19	165
충남	215	17	232
전북	231	7	238
전남	202	13	215
경북	200	9	209
경남	259	18	277
제주	111	1	112
합계	2,730	285	3,015

〈자료 : 2023년 사회복지법인 관리 안내, 보건복지부〉

종사자가 많은 직업 분야에서 공통적으로 나타나는 현상으로, 여성의 직업 활동이 우리나라에서는 아직까지 여러 가지 사회적 환경의 영향을 많이 받음을 알게 해준다.

모든 사회복지법인과 사회복지시설은 사회복지사업법 제13조의 규정에 따라 사회복지사를 의무적으로 채용해야 하지만, 예외적으로 다음과 같은 사회복지시설에서는 사회복지사를 채용하지 않아도 된다.(사회복지사업법 시행령 제6조 2항)

1. '노인복지법'에 따른 노인여가복지시설(노인복지관은 제외한다)
2. '장애인복지법'에 따른 장애인 지역사회재활시설 중 수화통역센터, 점자도서관, 점자도서 및 녹음서 출판시설
3. '영유아보육법'에 따른 어린이집
4. '성매매방지 및 피해자보호 등에 관한 법률' 제9조에 따른 성매매피해자등을 위한 지원시설 및 같은 법 제17조에 따른 성매매피해상담소
5. '정신건강증진 및 정신질환자 복지서비스 지원에 관한 법률' 제3조제6호 및 제7호에 따른 정신요양시설 및 정신재활시설
6. '성폭력방지 및 피해자보호 등에 관한 법률'에 따른 성폭력피해상담소

사회복지시설의 종류와 설치 근거가 되는 법

■ 사회복지관, 부랑인 · 노숙인 시설, 결핵 · 한센 시설 : 사회복지사업법, 노숙인 등의 복지 및 자립 지원에 관한 법률

■ 노인복지시설 : 노인복지법, 기초노령연금법

■ 복합노인복지시설(농어촌 지역에 한함) : 농어촌 주민의 보건복지 증진을 위한 특별법

■ 아동복지시설 : 아동복지법, 입양특례법

■ 장애인복지시설 : 장애인복지법, 장애인 · 노인 · 임산부 등의 편의증진에 관한 법률

■ 정신보건시설 : 정신보건법

■ 지역자활센터 : 국민기초생활보장법

■ 모자복지시설 : 한부모가족지원법

■ 영유아복지시설 : 영유아보육법

■ 다문화가족지원센터 : 다문화가족지원법

■ 특수폭력 피해자 복지시설 : 성매매 방지 및 피해자 보호 등에 관한 법률, 성폭력범죄의 처벌 및 피해자 보호 등에 관한 법률, 가정폭력 및 피해자 보호 등에 관한 법률, 일제하 일본군 위안부 피해자에 대한 생활안정 지원 및 기념사업 등에 관한 법률

- 보건복지부, 2023년도 사회복지시설 관리 안내 참조

'사회복지관'이란?

지역사회를 기반으로 일정한 시설과 전문인력을 갖추고 지역주민의 참여와 협력을 통하여 지역사회의 복지문제를 예방하고 해결하기 위하여 종합적인 복지서비스를 제공하는 시설을 말한다.

- 사회복지사업법 제2조 5항

Part Two

Who&What

01 사회복지사의 종류와 역할

경제가 성장하고 사회가 발전하면서 최저생계 보장 차원을 넘어 인간다운 삶을 살아가는 데 필요한 여러 가지 서비스를 정부가 제공하는 오늘날 복지국가에서 사회복지사의 역할은 점점 다양해지고 전문화되어 가고 있다. 이들은 사회복지 관련 법령에 대한 지식을 갖추어야 할 뿐만 아니라, 사회복지 지원에 대한 요청이 있을 때 이를 임상적으로 해결할 수 있는 행정 실무 지식 역시 갖추어야 한다. 이밖에도 면접 및 상담 기술을 익혀야 하고, 때로는 의료·교육·산업·사회보험 같은 특정 분야에 대한 전문 지식도 있어야 한다. 이에 따라 사회복지사는 이제 전문가로 인정받는 시대가 되었다.

사회복지사는 사회복지 전반에 대한 개괄적 지식과 기술을 갖추고 활동하는 일반 사회복지사와 특정 분야에 대한 전문 지식을 가지고 특정 분야에서 발생하는 복지 관련 문제를 해결 조정하는 전문 사회복지사로 나눌 수 있다. 학교사회복지사, 의료사회복지사, 정신보건사회복지사, 군사회복지사, 교정사회복지사 등이 전문 사회복지사의 예라

할 수 있다.

우리나라와 달리 선진국에서는 전문 사회복지사 제도가 활발하게 운용되고 있다. 우리나라에서도 전문 사회복지사 제도 도입과 관련된 논의가 오래전부터 있었지만, 정신보건사회복지사를 제외하면 아직 민간 단체 수준에 머물고 있는 실정이다.

하지만 사회복지사의 전문성을 높여야 한다는 주장이 끊임없이 나오고 있는 것을 보면 조만간 우리나라에서도 전문 사회복지사 제도가 실시될 것으로 보인다. 특히 우리나라는 사회복지사 양산 체제가 갖춰져 있어 사회복지사의 질적 수준이 우려되는 만큼, 이에 대한 개선책으로 전문 사회복지사 제도 도입이 현실적으로 필요하다. 현재는 몇몇 분야의 전문 사회복지사가 민간 단체를 중심으로 양성되고 있다.

사회복지사의 종류

사회복지사는 앞서 말했듯이 크게 두 종류로 나눌 수 있다. 일반 사회복지사와 전문 사회복지사이다.

〈일반 사회복지사〉

일반 사회복지사는 1급·2급·3급으로 나뉘는데, 급수에 따른 업무의 구분이나 직위의 구분은 없고 일하는 직장의 필요에 따라서 편리하게 운용되고 있다. 말하자면 과장이나 부장이 되기 위해서는 반드시 1급 사회복지사가 되어야 한다거나, 3급 사회복지사는 보조 업무만 해야 한다는 것 같은 규정이 없다는 것이다. 1급이든 2급이든 상관없이 사회복지사 자격만 있으면 똑같이 일한다고 생각하면 된다.

그런데 최근 들어 3급 사회복지사 자격 취득자 수가 급격히 줄어들고 있다. 이는 예전과 달리 대학 진학률이 높아져 대학 관련 학과를 졸업한 사람에게 발급하는 2급 사회복지사가 상대적으로 증가했기 때문이다. 사실 3급 사회복지사는 초기에 사회복지사 인력이 필요할 때 긴급 수단으로 만든 것이라서 오늘날처럼 사회복지사가 대학 과정을 거쳐 정규적으로 배출되고 있고, 또 갈수록 전문 지식을 요구하는 상황에서는 필요성이 별로 없다고 할 수 있다. 그래서 3급 사회복지사를 폐지하여 사회복지사 제도를 개선해야 한다고 이야기하는 사람들도 있다.

1급과 2급 사이의 업무 분장도 아직 법적으로 구분되어 있지는 않지만, 이미 현장에서는 1급이 주로 하는 일과 2급이 주로 하는 일이 어느 정도 구분되어 있다. 따라서 조만간 1급과 2급의 업무나 직책에 대한 조정이 제도적으로 이루어질 것으로 보인다.

〈전문 사회복지사〉

전문 사회복지사 제도의 도입을 둘러싸고 일찍부터 논의가 진행되어 왔지만 아직 우리나라에는 본격적으로 도입되지 않았다. 민간 협회 수준에서 '학교사회복지사'와 '의료사회복지사' 자격시험이 행해지고 있으나 국가의 인정을 받고 있지는 못하다. 그리고 군사회복지사는 민간 차원에서 실시하는 자격시험도 없으며, 단지 '군사회복지학회'라는 이름으로 활동하고 있을 따름이다.

우리나라에서 유일하게 국가가 인정하는 전문 사회복지사는 정신건강복지법과 그 시행령에 따라 실시하고 있는 '정신건강사회복지사'뿐이다. 이것은 1급과 2급으로 나누어져 있으며, 민간 협회가 실시하는 전문 사회복지사(급수 구분이 없음)와 제도적으로 차이가 있다.

이처럼 우리나라에서는 전문 사회복지사 제도가 확립되어 있지 않다. 또한 전문 사회복지사가 단지 특정 분야에 관한 사회복지사인지, 아니면 의사나 변호사처럼 전문 지식과 기술을 가진 사회복지사인지에 대한 개념 정립도 아직 되어 있지 않은 상황이다.

그럼에도 불구하고 전문 사회복지사에 대한 사회적 요구는 갈수록 높아지고 있다.

사회복지사의 주요 역할

급속한 경제성장을 이룩한 우리나라는 국민 개개인의 생활수준 차이를 문제삼지 않더라도 경제성장과 문화 발전의 괴리에서 오는 원천적인 사회문제가 발생하고 있다. 여러 가지 문제가 많지만 특히 소년소녀가장 문제, 한부모가정 문제, 노인 문제, 청소년 비행 문제 등은 선진국보다 정도가 심각하다.

이러한 상황에서 지금 시작 단계에 접어든 사회복지제도 역시 앞으로 많은 수정과 보완을 거쳐 사회 문제를 해결하는 중요한 정책으로 자리를 잡겠지만, 당장 지금은 어느 때보다도 사회복지사 개인의 적극적인 마음가짐과 활동이 필요하다고 본다.

따라서 사회복지사들은 다양한 분야에서 사회적 약자의 삶과 관련된 온갖 문제를 해결해야 하는 과제를 가지고 지역사회에서 바쁘게 일하고 있다. 어떻게 보면 이들이 활동한 만큼 우리 사회가 건강해진다고 할 수 있으므로 사회복지사의 역할이 정말 중요하다고 할 수 있다.

오늘날 사회복지사가 하는 일은 수없이 많아 이를 연구하는 사람에 따라서 수십 가지로 분류하기도 한다. 하지만 여기서는 그와 같은 구체적인 일의 종류보다는 일반적인 사회복지사가 복지서비스를 필요로 하는 사람(수요자)과 서비스 제공 기관 사이에서 하는 주요 역할을 나누어 설명하기로 한다. 이는 전문 사회복지사를 포함한 모든 사회복지사에게 공통으로 적용된다.

〈중개자의 역할〉

사회복지서비스를 필요로 하는 사람(수요자)과 서비스 제공 기관을 연결하여 수요자가 필요한 서비스를 받도록 하는 역할이다.

- 수요자가 처한 상황을 조사한다.

정신건강사회복지사(국가전문자격)

정신질환자를 격리 · 수용하여 치료하려는 의학적 측면보다는 이들이 사회로 돌아와서 정상적인 사회생활을 영위할 수 있도록 도와주고, 이들의 인권을 보호하며, 나아가 사회적 차원에서 정신질환을 예방한다는 취지에서 정신건강사회복지사 자격을 제정함.

■ 자격 근거법 : 정신건강복지법 제17조

① 보건복지부장관은 정신건강 분야에 관한 전문지식과 기술을 갖추고 보건복지부령으로 정하는 수련기관에서 수련을 받은 사람에게 정신건강전문요원의 자격을 줄 수 있다.

② 제1항에 따른 정신건강전문요원(이하 "정신건강전문요원"이라 한다)은 그 전문분야에 따라 정신건강임상심리사, 정신건강간호사, 정신건강사회복지사 및 정신건강작업치료사로 구분한다.

■ 업무 범위 : 정신건강복지법 시행령 별표 1

① 정신건강전문요원 공통 업무

1. 정신재활시설의 운영
2. 정신질환자 등의 재활훈련, 생활훈련 및 작업훈련의 실시 및 지도
3. 정신질환자 등과 그 가족의 권익보장을 위한 활동 지원
4. 법 제44조 제1항에 따른 진단 및 보호의 신청
5. 정신질환자 등에 대한 개인별 지원계획의 수립 및 지원
6. 정신질환 예방 및 정신건강복지에 관한 조사 · 연구
7. 정신질환자 등의 사회적응 및 재활을 위한 활동
8. 정신건강증진사업 등의 사업 수행 및 교육
9. 그 밖에 보건복지부 장관이 정하는 정신건강증진 활동

② 정신건강사회복지사 고유 업무

1. 정신질환자 등에 대한 사회서비스 지원 등에 대한 조사
2. 정신질환자 등과 그 가족에 대한 사회복지서비스 지원에 대한 상담 및 안내

■ 자격 기준

① 1급

- '고등교육법'에 따른 대학원에서 사회복지학 또는 사회사업학을 전공한 석사학위 이상 소지자로서 보건복지부 장관이 지정한 전문요원 수련 기관에서 3년 이상 수련을 마친 자.

- 2급 정신건강사회복지사 자격 취득 후 정신건강증진시설, 보건소 또는 국가나 지방자치단체로부터 지역사회 정신건강증진사업을 위탁받은 기관이나 단체에서 5년 이상 정신보건 분야의 임상 실무 경험이 있는 자.

② 2급

- '사회복지사업법'에 따른 사회복지사 1급 자격 소지자로서 보건복지부 장관이 지정한 전문요원 수련 기관에서 1년 이상 수련을 마친 자

■ 수련 기관 요건

① 수련 기관

전문요원의 수련 기관은 다음 각목의 어느 하나에 해당하는 시설이나 기관으로서 보건복지부 장관의 지정을 받은 시설이나 기관으로 한다.

1. 국 · 공립 정신의료기관

2. 전공의의 수련 병원으로 지정된 정신의료기관

3. 다음 어느 하나에 해당하는 요건을 갖춘 정신요양시설, 정신재활시설, 정신건강복지센터, 보건소 또는 정신의료기관(제1호 및 제2호 외의 정신의료기관 중 입원실의 100분의 10 이상을 개방 병동으로 확보한 정신의료기관만 해당한다)

1) 수련시키고자 하는 분야의 1급 정신건강전문요원이 1인 이상이 상시 근무할 것

2) 수련시키고자 하는 분야의 1급 정신건강전문요원이 수련을 지도하도록 위촉되고 2급 정신건강전문요원 3인 이상이 상시 근무할 것

② 수련 기관별 실습 시간

1. 정신의료기관에서 수련하는 경우에는 실습 시간의 4분의 1 이상을 정신요양시설, 사회복귀시설, 정신보건센터 또는 보건소에서 수련하여야 한다.

2. 정신요양시설, 사회복귀시설, 정신보건센터 또는 보건소에서 수련하는 경우에는 실습시간의 4분의 1 이상을 전문요원의 수련 기관으로 지정된 정신의료기관에서 수련하여야 한다. 수련 기관은 수련과정의 이수를 위하여 수련생을 상호 교류할 수 있다.

- 수요자에게 복지서비스에 관한 정보를 제공한다.
- 수요자가 복지서비스를 받을 수 있도록 필요한 조치를 취한다.

〈보호자의 역할〉

수요자가 필요한 서비스를 제대로 받을 수 있도록 노력하는 역할이다.

- 수요자의 권리를 알려준다.
- 수요자의 입장에서 업무를 처리한다.

〈카운슬러의 역할〉

수요자가 문제를 잘 해결해 나갈 수 있도록 지도·조언하고 이끌어 주는 역할이다.

- 수요자의 심리 상태를 면밀히 파악한다.
- 수요자의 적극적인 대처 능력을 유도한다.
- 필요시 수요자의 동의를 얻어 행정 절차를 대행한다.
- 수요자가 희망과 삶의 의지를 가지고 생활할 수 있도록 지속적으로 노력한다.

〈관리자의 역할〉

수요자가 복지서비스를 제공받아 정상적인 사회인으로 생활할 수 있도록 지역사회의 여건, 복지서비스 제공 기관 상황, 서비스 제공 절차, 서비스 종류 등에 대하여 조사하고 점검하며 조정하는 역할이다.

■ 복지서비스를 받지 못하는 수요자가 없도록 노력한다.
■ 지역사회의 또 다른 복지서비스 제공자나 기관을 파악하고 이를 수요자에게 연결하여 효과적인 서비스를 받도록 활동한다.
■ 전문가의 의견이나 지식이 필요할 경우 전문가 위촉을 건의한다.
■ 수요자에게 제공할 서비스의 종류와 내용을 결정한다.
■ 서비스 제공 상황을 관리하고 수요자의 변화를 점검한다.
■ 효율적인 복지서비스를 제공하기 위하여 자신이 담당하는 업무량을 조절한다.

〈연구자의 역할〉

복지국가를 실현하는 일꾼으로서 국가나 지방정부의 복지정책을 조사·연구하고, 민간 기업이나 단체의 복지서비스 제공 활동과 계획을 끊임없이 수집하며, 이를 효율적으로 수요자에게 전달할 수 있도록 체계를 구축하고 문제점을 개선하는 한편, 수요자의 욕구를 조사·분석하여 이를 복지서비스 체계에 반영하도록 노력하는 역할.

■ 정부의 정책 자료를 수집한다.
■ 복지서비스 전달 체계 및 평가 체계를 분석한다.
■ 지역사회의 복지시설이나 기관 종사자들과 복지에 대한 연구 및 토의를 한다.
■ 지역 복지서비스 제공원을 찾아내어 이를 효율적으로 운용하는 체계를 연구한다.
■ 외국의 사회복지서비스 관련 자료를 수집하고 분석한다.
■ 지역 주민의 사회복지서비스 욕구를 조사한다.
■ 복지서비스 정책 또는 개선책을 연구, 제안한다.

우리 사이 '짱'이야를 보고..
랑이와 같은 상황이라면?
메시지를 보내봅시다.

사회복지사가 하는 일과 직업만족도

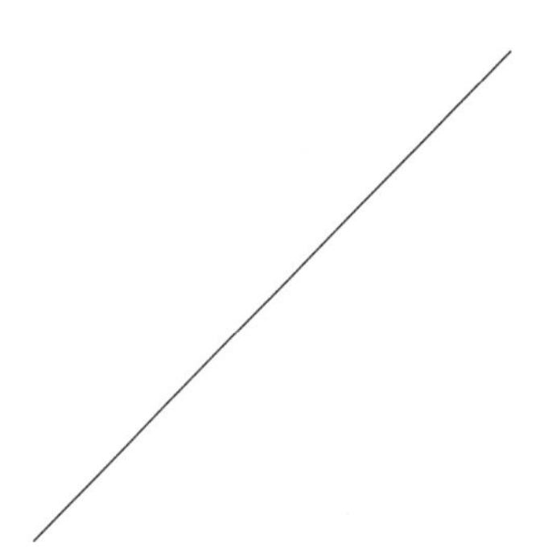

사회복지사의 자격 등급과 하는 일

사회복지사는 1·2·3급으로 구분되며, 등급에 따른 자격 요건이 각각 별도로 정해져 있다. 그래서 3급에서 2급으로, 2급에서 1급으로 올라가기 위해서는 법에 정해 놓은 학력이나 경력이 필요하다.

그런데 급수가 달라진다고 하여 하는 일이 달라지는 것은 아니다. 아직 우리나라에서는 사회복지사의 자격 등급에 따라 사회복지사가 하는 일이라든지, 맡을 수 있는 직위를 따로 구분하고 있지 않기 때문이다.

따라서 실제로 일하는 데 있어서는 등급에 따라 일과 직책을 맡는 것이 아니고, 누가 먼저 이 일을 했는가에 따라 맡는 일이 다르다. 주임이나 과장 같은 직책도 일을 한 경력과 능력 그리고 시설이나 기관의 책임자 판단에 따라 정해지는 것이 일반적이다.

그러다 보니 사회복지사의 자격을 1·2·3등급으로 나누는 것이 실제 일을 하는 현장에서는 아무런 의미를 가지지 못한다. 즉 3급 복지사보다는 2급 복지사가, 2급보다는 1급 복지사가 더 중요한 일이나 직책을 맡는 것이 아니라는 뜻이다.

사실 2급과 3급은 학력 차이에 따른 구분이고, 1급과 2급은 시험을 보고 얻는 것이냐 그냥 얻는 것이냐의 차이지 자격 요건이 다른 것은 아니다. 이 때문에 사회복지사 자격 등급 간의 실질적인 전문성 차이를 찾아볼 수 없다는 것이 근본적인 문제점이기도 하다.

비록 전문 사회복지사 자격증이 있긴 하지만, 이는 아직 민간 단체 차원에서 인정하는 것에 지나지 않는다. 정신건강사회복지사를 제외하면 국가가 공식적으로 인정하는 자격증이 아니다.

하지만 외국의 예를 보더라도 전문 사회복지사는 앞으로 그 필요성이 계속 증가할 것으로 보여, 언젠가는 우리 사회에도 전문 사회복지사 제도가 전면 도입될 것으로 전망된다.

그런데 전문 사회복지사는 어디까지나 특수 분야에서 활동하는 사회복지사들에 해당하는 것으로, 일반 사회복지사의 등급에 따른 전문성 강화 및 역할·직무 구분에 관한 문제와는 별개의 문제이다. 따라서 앞으로 좀 더 깊이 연구하여 개선해 나가야 할 과제라 하겠다.

하지만 사회복지서비스를 실천하는 현장에서는 2급이나 3급 사회복지사가 하는 일과, 1급 사회복지사가 맡아 하는 일이 부분적이기는 하지만 실제로 구별되는 경향이 있다. 즉 1급 사회복지사가 2·3급 사회복지사보다, 그리고 2·3급 사회복지사는 무자격 종사자보다 전문적인 일을 더 많이 하고 있는 것으로 나타난다. 이러한 자격에 따른 업무의 분화는 사회복지서비스가 전문화될수록 더욱 심화될 것이다.

그러나 2급과 3급 사회복지사 사이의 업무 분화는 그렇게 많이 나타나지 않고 있다. 또 3급 사회복지사 지원자도 별로 없는 상황에서 사회복지사의 전문성을 높여야 한다는 의견이 맞물려 3급 사회복지사를 폐지하자는 주장도 나오고 있는 실정이다.

다음에 말하는 사회복지사 급수에 따른 일의 내용은 법에 의하여 규정된 것이 아니고 사회복지서비스 현장에서 현실적으로 이루어지고 있는 내용이다. 실제로 다음과 같이 일을 나누어 하기도 하고, 근무하는 복지기관이나 시설에 따라 급수 구분 없이 일을 하기도 한다.

1급 사회복지사가 주로 맡아서 하는 일

- 사회복지서비스 제공 기관 및 내용에 관한 정보를 수집한다.
- 사회복지서비스가 필요한 수요자를 찾아내고 이들에게 복지서비스에 관한 정보를 제공한다.
- 수요자들을 상담하며 수요자와 서비스 제공 기관을 연결한다.
- 제공되는 복지서비스의 내용을 확인하여 효율적으로 이루어지도록 조치한다.
- 사회복지서비스와 관련된 지역 기관들 사이에 연계망 구축과 협력한다.
- 사회복지서비스와 관련된 업무 지침을 마련하고 사업 계획을 수립, 보고한다.
- 업무 추진 현황, 실적, 상담, 민원 등과 관련된 문서를 작성하고 보관한다.
- 사회복지와 관련한 주민 교육, 직원 교육 및 평가한다.
- 사회복지와 관련된 정책의 개선을 제안한다.

2·3급 사회복지사가 주로 맡아서 하는 일

- 복지서비스 신청 접수 및 서류 작성을 지원한다.
- 복지서비스 관련 정보 제공 및 기초적 상담을 한다.
- 시설 이용자들의 생활 및 여가 활동을 지도한다.
- 시설 이용자들의 급식을 관리하고 지원한다.
- 자원봉사자와 관련된 행정 업무를 처리한다.
- 보건의료 서비스와 연계하고 필요할 경우 보조한다.
- 복지서비스 수요자들의 이동을 지원한다.
- 시설을 관리하고, 비품 및 물품을 관리한다.
- 업무일지 기록 보존 및 행정 문서를 작성한다.

사회복지사는 구체적으로 어떤 일을 할까?

사회복지사는 제공되는 사회복지서비스의 내용과 목적에 대해서도 잘 알아야 하지만, 복지서비스와 관련된 행정적·법률적 지식도 반드시 필요하다. 또한 복지 수요자를 만나 그들의 상황을 살피고 그들에게 필요한 서비스를 적절하게 제공하기 위해서는 상담과 관련된 실무적인 기술 또한 필요하다. 이는 곧 사회복지사들의 업무가 전문적 지식과 동시에 전문적 기술과 경험을 필요로 하는 종합적인 일이라는 것을 말해 준다.

다음은 급수에 상관없이 사회복지사들이 일반적으로 하는 일을 적어놓은 것이다. 사회복지사들이 구체적으로 어떤 일을 하고 있는지를 알면 사회복지사를 이해하는 데 훨씬 많은 도움이 될 것이다.

〈복지서비스 제공〉

- 복지서비스 신청 접수 및 상담
- 복지서비스 신청자에 대한 정보 파악
- 수요자에게 복지서비스에 대한 정보 및 자료 제공
- 수요자에게 필요한 복지서비스의 방향을 정하고 서비스 제공 계획을 세움
- 서비스 내용에 대하여 수요자에게 설명
- 복지서비스와 관련된 서류 작성 보조 및 공문 작성
- 수요자들의 개별적인 문제 분석 및 해결
- 다양한 재가복지서비스 제공
- 복지서비스 제공 현황을 점검하고 서비스 만족도 조사
- 복지서비스 수요자의 사회 적응 상태 확인과 연락망 구축
- 수요자의 사회적 자립 지원

재가복지서비스란?

복지시설에 들어가지 않고 가정에서 생활하면서 여러 가지 복지서비스를 제공받는 것을 말하는데, 필요에 따라 복지시설을 이용하기도 한다. 이는 복지서비스를 필요로 하는 사람이 정상적인 가정생활을 할 수 있도록 해주어 가족의 기능을 보호함과 동시에 가족들의 부담을 덜어 준다는 장점이 있다.

〈입소자 보호 및 관리〉

- 복지시설의 규칙 및 생활 방식 안내
- 복지시설에 들어온 입소자들의 이동 지원
- 입소자의 적응 상태 확인과 연락망 구축
- 복지시설이나 기관에서 운영하는 프로그램 이용 안내
- 입소자들의 행동 지도
- 입소자들의 식사 보조 및 급식 지원
- 입소자들에 대한 응급처치 및 의료 서비스와 연계
- 입소자들의 여가활동 보조
- 입소자들의 권익과 인권 존중
- 입소자들의 건강 유지를 위한 프로그램과 재활 프로그램 운영
- 입소자들의 시설 적응도를 분석하고 문제점 개선

사회복지사업법 제41조의 2 (재가복지서비스)

① 국가나 지방자치단체는 보호대상자가 다음 각 호의 어느 하나에 해당하는 재가복지서비스를 제공받도록 할 수 있다.

1. 가정봉사서비스: 가사 및 개인활동을 지원하거나 정서활동을 지원하는 서비스

2. 주간 · 단기 보호서비스: 주간 · 단기 보호시설에서 급식 및 치료 등 일상생활의 편의를 낮 동안 또는 단기간 동안 제공하거나 가족에 대한 교육 및 상담을 지원하는 서비스

② 시장 · 군수 · 구청장은 「사회보장급여의 이용 · 제공 및 수급권자 발굴에 관한 법률」 제15조에 따른 보호대상자별 서비스 제공 계획에 따라 보호대상자에게 사회복지서비스를 제공하는 경우 시설 입소에 우선하여 제1항 각 호의 재가복지서비스를 제공하도록 하여야 한다.

〈연구 및 교육〉

- 복지서비스에 대한 지역주민 교육
- 복지서비스 수요자들을 위한 다양한 프로그램 개발과 실행
- 외부 전문가의 자문 받기
- 기관 내부 또는 외부 기관의 교육 참가
- 개인 또는 단체별 연구 및 학술 활동
- 신입 직원이나 실습생 교육과 평가
- 교육 계획 수립과 자료 개발

〈지역사회 복지 실현〉

- 복지서비스 수요자를 찾기 위한 조사 활동
- 수요자 가정 방문 조사
- 지역사회 복지서비스 제공자나 기관에 대한 정보 수집
- 지역사회 복지서비스 연계망 구축
- 지역사회기관과 연락망 조직
- 사회복지에 대한 지역 시민운동 전개

〈복지사업 계획 수립과 추진〉

- 정부의 복지정책 분석
- 사회복지사업 계획서 작성
- 사업 추진 및 일정 조정
- 예산 세우기
- 사업 홍보

〈행정 관련 업무〉

- 직원 및 행정 조직 관리
- 입소자 퇴소 시기 결정
- 사례 및 업무일지 기록과 검토
- 결산서 작성
- 회의자료 만들기
- 직무 분석과 직원간의 업무 조정
- 직원의 고충 해결
- 시설 안전관리 상황 확인
- 비품 및 공동 물품 관리
- 문서 결재와 공문서 처리
- 사업 실적과 내용 홍보
- 상담 내용 기록 및 보존
- 관계 행정기관에 업무 내용 보고
- 홍보 자료 발행

〈후원자 및 자원봉사자 관련 업무〉

- 후원자 모집 및 결연 추진
- 자원봉사자 모집·교육·배치 관리
- 후원자 모집과 관리
- 후원금 결산 및 사용 결과 보고
- 후원물품 관리와 집행

사회복지사의 좋은 점

직업은 궁극적으로 자신이 추구하는 가치 있는 일을 하는 것이기도 하지만, 현실적으로 가족을 부양할 경제력을 획득하는 수단이기도 하다. 그렇기 때문에 봉사활동을 직업이라고 할 수 없으며, 종교적 수행 역시 직업이 될 수 없다.

또한 직업은 자신의 잠재적 가치를 계발하고 발전시켜 나가는 장이 되어야 하며, 자신의 능력을 인정받을 수 있는 조직 환경이 갖추어져 있어야 한다.

그래야만 조직 속에서 일에 대한 성취감을 느끼고, 적절한 사회적 보상을 받으며, 자신의 역할에 대한 자부심과 긍지를 가져 진정한 직업인으로서 생활할 수 있다.

사회복지사라는 직업이 일반 시민들에게 제대로 인식되지 않고 단지 어려운 사람들을 도와주는 좋은 사람이라고만 여겨지는 상황에서 전문 직업가로 인정받기는 쉽지 않지만, 다른 직업이 갖지 못하는 좋은 점도 많다.

〈따뜻한 인간애〉

현대 산업사회의 부작용으로 여러 가지 문제가 발생함으로써 사회로부터 소외되어 인간적인 삶을 꾸려 나가기 힘든 사람들이 많다. 이들은 혼자만의 힘으로 어려운 생활 환경에서 벗어나기 힘들기 때문에 누군가의 도움이 필요하지만, 정작 사회는 무관심한 때가 많다.

이러한 사회 환경에서 어려운 사람들에게 문제 해결 방법을 안내하고 그들이 자립하여 새로운 생활을 꿈꿀 수 있게 도와주는 사람들이 바로 사회복지사들이다.

사회복지사는 단순히 물질적 도움을 주는 자선사업가 수준을 넘어 사회단체·공공기관·정부와 연결하여 정책으로, 그리고 제도적으로 어려운 사람들을 돕는다. 순간의 어려움을 해결하는 것도 중요하지만, 궁극적으로 힘든 환경에서 벗어나 정상적인 생활을 할 수 있도록 도와주는 사람들이 바로 사회복지사이다.
그래서 사회복지사들은 인간에 대한 사랑이 없으면 하기 힘든 직업이라 하겠다. 나의 도움으로 다른 사람이 행복을 찾아 갈 수 있다는 인간애적 희생 정신은 사회복지사만이 가질 수 있는 숭고한 의식이라 할 수 있다.

〈전문성〉

사회복지사는 의사나 변호사처럼 특정 기술을 가진 전문가는 아니지만 사회생활에서 일어나는 전반적인 문제에 대하여 상담해 주고, 특히 정부의 정책에 대한 이해와 사회복지 이론을 바탕으로 어려움에 처한 사람들에게 현실적인 도움과 해결책을 제시해 주는 행복한 사회생활 전문가라 할 수 있다.

따라서 사회복지사가 되기 위해서는 인간의 심리와 인간관계에 대한 지식은 물론이고, 사회적 소외와 불평등 발생의 원인과 배경, 상담기법, 실천 사례 등에 대한 전문적 연구를 통하여 정부의 정책을 효율적으로 집행할 수 있어야 한다. 어떻게 보면 행동하는 지식인의 표본이라 할 수 있다.

하지만 일반 사람들은 아직 사회복지사의 이러한 전문성을 이해하지 못하고 그저 다른 사람의 어려움을 도와주는 고마운 사람 정도로만 여겨 사회복지사들의 마음을 서운하게 만들기도 한다.

그런가 하면 일부 사회복지사업가들의 독단으로 인해 사회복지사들이 제대로 대우받지 못하는 경우도 있다.

하지만 사회복지사는 누가 무어라 해도 현대 사회에서 제대로 된 참된 전문가라 할 수 있다. 왜냐하면 오늘날 전문가라고 다들 인정하는 직업들은 곧 얼마 되지 않아 컴퓨터로 대체될 가능성이 있지만, 사회복지사는 결코 컴퓨터가 대신할 수 없는 전문 지식과 실천 경험이 필요한 직업이기 때문이다.

〈성취감〉

모든 직업은 성취감이 있기 때문에 오랫동안 계속해서 일을 할 수 있다. 그러나 사회복지사만큼 성취감을 많이 느끼는 직업도 없을 것이다. 곤경에 처하고 사회로부터 버림받은 사람들이 자신의 도움과 안내로 용기를 찾고 희망을 가지며 새로운 생활을 일구어 나가는 모습을 보는 것은 세상의 그 어느 일보다 큰 성취감을 맛보게 한다.

특히 가진 게 아무것도 없어도 남을 도와주는 삶을 살 수 있고, 남으로부터 인정받을 수 있는 유일한 직업이기도 하다. 사회복지사들이 비록 일은 힘들지만 계속 일하는 이유는 이처럼 남다른 성취감 때문이라 할 것이다. 이러한 성취감은 나아가 자신의 일에 대한 자부심으로 나타나 긍지를 갖게 한다.

〈자율성〉

사회복지 업무는 사업이나 행정 업무처럼 지시를 받아 일괄적으로 처리하는 일이 아니다. 한 사람 한 사람을 만나 그의 개별적 상황에 맞는 해결 방안을 마련해 주고 돌파구를 찾아 주는 개별 상담지도사이다.

그래서 어떤 큰 방침이나 프로그램에 따라 활동을 하지만, 현장에서 일어나는 여러 가지 문제나 실천 행위에 대해서는 담당 사회복지사의 자율적 판단에 따라 처리할 수가 있다. 그리고 결과에 대하여 객관적으로 평가받는다.

따라서 능력껏 일하고, 일한 만큼 평가받고, 평가받은 대로 승진하거나 그 밖의 분야에서 인정받기 때문에 자율성이 최대한 존중되는 직업이라고 할 수 있다.

물론 그렇지 못한 경우가 없는 것은 아니다. 하지만 이는 어디까지나 우리 사회에서 이 제도가 시행된 지 오래되지 않았고, 아직 사회적 인식이 크게 선진화되지 못했기 때문으로,

사회복지사의 일 자체가 그런 것은 아니다.

따라서 우리 사회가 앞으로 더욱 발전한다면 사회복지사에 대한 인식과 처우도 확연히 달라질 것이다.

프랑스에서는 사회복지사가 독자적으로 다양한 처분과 조사를 할 수 있는 권한을 가지고 자유롭게 일하며, 그들에 대한 사회적 인식도 법률가에 대한 것 못지않다.

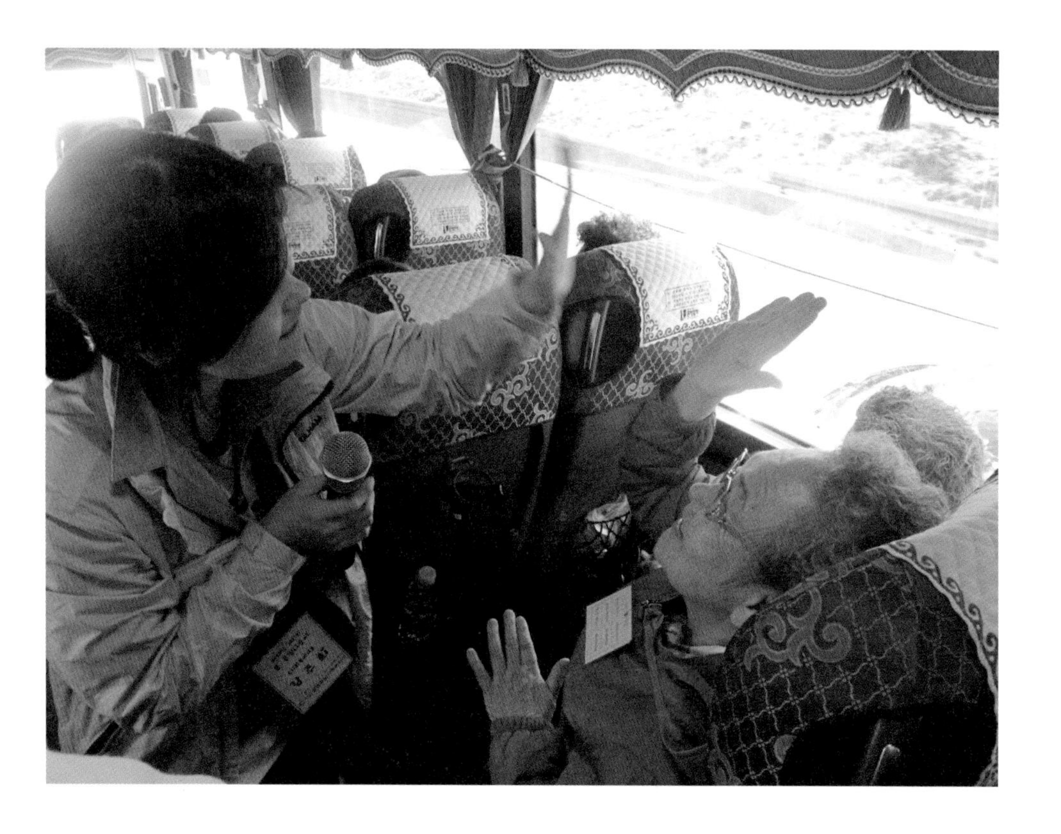

사회복지사의 힘든 점

우리나라에서 사회복지는 자선사업 단계에서 막 벗어나 국가·사회적 차원의 복지 개념으로 전환되고 있는 시점이라 아직 제도적으로 완전히 정착된 상태는 아니다. 그 때문에 사회복지사에 대해 봉사자라는 이미지를 완전히 떨쳐 버리지 못하고 있다. 아무리 전문 지식이 필요한 전문 직업인이라고 해도 사회는 여전히 그들의 희생을 무언중에 요구하고 있는 것이다.

비록 이들에 대한 사회적 인식이 바뀌고 있고, 이들의 권리와 전문성에 대한 요구가 있다고는 하지만, 사회복지사는 일부를 제외하면 여전히 개인적으로 힘든 생활을 하고 있음을 부인할 수 없다.

하지만 사회복지사의 역할과 비중이 높아지고 있는 마당에 이들에 대한 처우 개선은 빠르게 이루어질 것으로 보인다.

〈낮은 임금〉

사회복지사의 일은 육체노동과 정신노동이 함께 이루어지는 전문적인 업무이다. 그러나 일의 전문성에 비하여 보수는 많지 않다. 사회복지 종사자들의 임금은 전체 산업 근로자 임금의 64.4% 수준에 지나지 않는다. 따라서 평균 근무 기간이 짧으며, 월급을 많이 주는 다른 직장을 찾아 가는 경향이 많다.

일반적으로 사회복지시설은 정부의 보조금을 받더라도 재정이 열악한 경우가 많아서, 종사자들에게 월급을 많이 줄 수 없을 뿐 아니라 서비스를 제공하기 위한 사회복지사의 활동도 제약받는 경우가 많다.

그래서 처음에는 열의를 가지고 시작한 사회복지사들도 차츰 현실적인 문제에 부딪히면서 자신이 하는 일에 대하여 다시금 생각하게 되고, 보다 좋은 여건의 다른 직업으로 자리를 옮기는 경우가 생겨난다.

이러한 낮은 임금은 사회복지 업무 자체에 좋지 않은 결과를 가져오기 때문에 정부는 사회복지 종사자들의 임금을 높이기 위해 노력하고 있다.

〈직장의 불안정〉

사회복지전담 공무원이 아닌 일반 사회복지시설에 취직하는 사회복지사의 경우에는 직장이 불안정한 경향이 있다. 왜냐하면 대부분의 사회복지시설이 위탁 운영을 하고 있어 위탁 기간이 끝나면 그 시설에서 일하던 사회복지사들은 해고되는 경우가 많기 때문이다. 위탁 기간이 보통 3~5년 정도인 것을 생각하면 사회복지사들이 일할 수 있는 기간도 이 정도밖에 되지 않는다고 할 수 있다.

물론 계속 위탁받아 운영할 경우에는 더 오랫동안 일할 수 있겠지만, 이 역시 아무도 보장할 수 없는 일이라는 것을 생각하면 사회복지사들의 직장이 불안정하다고 할 수 있다.

따라서 위탁받는 기관이 바뀌더라도 그곳에서 일하는 사회복지사들은 계속 일할 수 있도록 법으로 보장하는 것이 필요하다.

〈업무 관계의 갈등〉

사회복지라는 업무 자체가 최근 들어 생긴 일이라 아직 개념적으로나 제도적으로나 정립되지 않아 숱한 시행착오를 겪으면서 하나하나씩 개선해 나가고 있는 단계이다.

따라서 일을 관리하고 기획하는 사람과 이를 실천하고 집행하는 사람 간의 갈등을 비롯하여 행정 감독 기관과 서비스 제공 기관 간의 갈등, 그리고 서비스를 제공하는 사회복지사 상호간의 갈등이 일어나 힘든 경우가 있다.

좀 더 자세히 말한다면 사회복지시설 운영자들은 대체로

사회복지에 대한 전문적 지식보다는 자선사업이라는 생각에서 일하려고 하기 때문에 사회복지에 대한 전문 지식을 가지고 있는 사회복지사들과 마찰을 일으키는 경우가 많다.

또한 사회복지라는 개념이 아직 명확히 규정되지 않은 탓에 복지서비스를 제공하는 현장에서 수많은 갈등이 발생하고 있다.

사회복지시설에서 일하는 사회복지사들은 복지와 관련된 모든 일에 관심을 갖고 처리하려는 데 비하여, 똑같은 교육을 받았지만 사회복지전담 공무원이 된 사람들은 법의 규정에 따라서만 일을 처리하려 하고, 또 그와 같은 입장에서 사회복지시설의 업무를 관리·감독하려 하기 때문에 현장에서 일하는 사회복지사와 공무원으로 일하는 사회복지사들 사이에 갈등이 생겨나고 있다.

또한 사회복지사들의 급수는 1·2·3급으로 나누어져 있지만 급수에 따른 업무 분장이 제도화되어 있지 않고, 업무의 편의성에 따라 일을 하다 보니 현장에서 일하는 사회복지사들 사이에서도 갈등이 빚어지고 있다.

그러나 이러한 일들은 과도기적인 것으로 어느 정도 시간이 지나면 해결될 것으로 보인다.

〈과다한 업무〉

사회복지사들은 사회복지시설 근무자나 공무원이나 모두 일을 많이 하고 있는 것으로 나타났다. 이는 사회복지라는 일이 생겨난 지는 얼마 되지 않았지만, 그에 대한 수요는 오래전부터 있어 왔기 때문일 것이다.

2009년 6월 사회복지 문제에 대하여 관계 부처가 합동으로 만든 종합대책 자료에 따르면, 사회복지전담 공무원 한 명이 복지서비스가 필요한 691명의 수요자들을 맡아 관리하는 것으로 조사되었다. 여기에 여성 인력이 76%나 차지했는데, 여성은

남성에 비하여 출산이나 육아 등의 이유로 휴직하는 비율이 높아 복지서비스 제공 인력은 더욱 부족하게 되었다.

또한 2011년 사회복지사 처우 개선에 관한 토론 자료집에 따르면 사회복지시설에 근무하는 사회복지 종사자들의 38%가 하루 평균 8시간 이상 일하는 것으로 조사되었다.

그러나 이러한 문제는 사회복지에 대한 인식의 변화와 예산의 증대로 복지서비스 제공 인력이 계속 보강되어 나가면 어느 정도 해결될 것으로 보인다.

〈행정직과의 불협화음〉

사회복지를 담당하는 공무원들을 보면 반드시 사회복지사 자격을 가진 공무원만이 사회복지 관련 일을 하는 것이 아니다. 사회복지사 자격이 없는 일반 행정직 공무원도 사회복지 업무를 본다는 말이다.

그런데 문제는 사회복지 관련 일을 하는 공무원 중 사회복지사 자격이 없는 공무원이 더 많다는 것이다. 더욱이 이들이 중요한 직책을 차지하고, 정작 사회복지사 자격을 가진 사회복지전담 공무원은 가장 말단 행정 단위인 읍·면·동에서 복지서비스를 실천하는 일에 주로 종사하고 있다는 것이다.

사회복지 업무가 전문성이 필요한 분야라는 것을 생각할 때 이러한 현상은 비록 과도기적이라 하더라도 문제가 있다고 본다. 더욱이 같은 사회복지 업무를 처리하는 데도 복지행정 분야는 일반 행정직 공무원이 맡고, 복지서비스 분야는 사회복지직 공무원이 맡아서 하고 있어 이들 사이에 알게 모르게 구분이 이루어진다는 것이다. 또한 행정직 공무원들은 사회복지 업무를 기피하는 경향마저 있어 같은 부서의 사회복지 담당 공무원 사이에서도 행정직과 사회복지직 간의 갈등이 일어나고 있다. 다음 표에서 나타나듯이 사회복지직은 사회복지서비스 실천

단위인 하위 행정 단위에 주로 배치되어 있고, 행정직 등은 상위기 관인 본청에 집중적으로 배치되어 있는 것을 알 수 있다.

하지만 이 문제 역시 사회복지 업무의 전문성이 강화되고 제도 정비가 뒷받침된다면 조만간 개선될 문제다.

사회복지 업무를 담당하지만 사회복지사 자격이 없는 일반 행정직 공무원들을 위하여 특별히 사회복지사 자격을 취득할 수 있는 교육과정을 운영하고 있다.

〈사회복지 담당 공무원 현황〉

(단위: 명)

구분	합계	시도	시군구	읍면동			
				읍	면	동	소계
사회복지직	10,215	287	3,843	570	1,698	3,817	6,085
일반직	10,410	1,378	5,304	313	1,422	1,993	3,728
합계	20,625	1,665	9,147	883	3,120	5,810	9,813

〈자료 : 관계부처 합동,'사회복지 전달체계 개선 종합대책'〉

나의 자존감 점수는?

03 사회복지전담 공무원이 하는 일

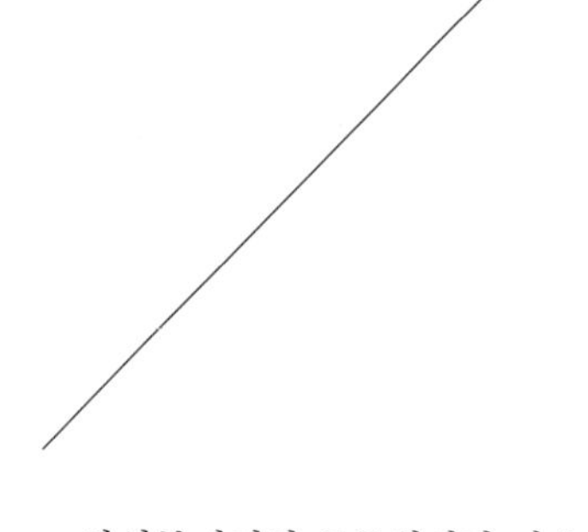

사회복지전담 공무원이란 기초생활보장사업 등 사회복지 업무를 효율적으로 추진하기 위하여 행정기관의 장이 사회복지사 자격을 가진 자 중에서 선발하여 행정기관에 배치한 지방공무원을 말한다.

1987년 8월, 사회복지사 자격이 있는 사람을 49명 뽑아 전국 6대 도시의 저소득층 밀집 지역에 별정직 7급 공무원으로 근무하게 한 것이 사회복지전담 공무원의 공식적인 출발로 볼 수 있다. 이듬해인 1988년에 다시 47명이 별정직 7급 공무원으로 임용되었다. 당시에 이들은 '사회복지전담 공무원'이 아닌 '사회복지 전문요원'으로 불렸다. 사회복지전담 공무원이라는 용어가 정식으로 쓰이기 시작한 것은 2000년 1월, 별정직이던 사회복지 전문요원을 모두 일반직 공무원으로 전환하면서부터이다. 물론 법률적인 준비는 그전에 되어 있었다.

이후 사회복지전담 공무원의 수는 급격하게 늘어나 2017년 1월 기준 1만 9,263명으로 지방공무원 중에서 행정직 다음으로 많아졌다. 그러나 이 역시 사회복지 직렬 공무원 정원에는 아직 모자라는 숫자여서 앞으로 사회복지전담 공무원은 더 뽑을 예정이다.

사회보장급여법 제43조 (사회복지전담 공무원)

① 사회복지사업에 관한 업무를 담당하게 하기 위하여 시 · 도, 시 · 군 · 구, 읍 · 면 · 동 또는 사회보장사무 전담기구에 사회복지전담공무원을 둘 수 있다.

② 사회복지전담공무원은 「사회복지사업법」 제11조에 따른 사회복지사의 자격을 가진 사람으로 하며, 그 임용 등에 필요한 사항은 대통령령으로 정한다.

③ 사회복지전담공무원은 사회보장급여에 관한 업무 중 취약계층에 대한 상담과 지도, 생활실태의 조사 등 보건복지부령으로 정하는 사회복지에 관한 전문적 업무를 담당한다.

④ 국가는 사회복지전담공무원의 보수 등에 드는 비용의 전부 또는 일부를 보조할 수 있다.

⑤ 시 · 도지사 및 시장 · 군수 · 구청장은 「지방공무원 교육훈련법」 제3조에 따라 사회복지전담공무원의 교육훈련에 필요한 시책을 수립 · 시행하여야 한다.

법률적 준비

- 1992년 12월 8일 사회복지사업법 개정 : 사회복지사를 사회복지전담 공무원으로 임용하는 규정 신설
- 1992년 12월 26일 지방공무원임용령 개정 : 사회복지 직렬(전문 분야) 신설

사회복지전담 공무원의 업무 내용

사회복지전담 공무원은 다음의 사회복지 업무 근거 법률에 의해 실시하는 각종 복지 급여 및 서비스를 사회복지 수급권자들에게 제공하는 데 필요한 일을 한다.

말하자면 복지서비스 대상자를 찾아내어 그들의 권리와 혜택 내용을 알려주며, 사회복지서비스가 필요한 사람들의 상담을 받아주고, 복지급여나 복지서비스와 관련한 신청자들의 서류가 제대로 작성되고 준비되었는지를 보살펴 주는 일을 한다.

또한 신청이 접수되면 과연 신청자가 법률에서 규정한 조건에 해당하는지, 그리고 가족 중 누가 도와줄 사람은 없는지, 재산은 얼마나 있는지 등을 조사하여 정말로 도와주어야 할 필요가 있다고 판단되면 사회복지 수급권자로 결정하여 신청한 복지급여나 복지서비스를 제공한다.

그 이후 수급자들의 생활에 계속 관심을 가지고 그들의 생활이 어떻게 나아지는지를 관찰하는 등 사후관리를 한다. 그러다가 만일 수급자의 생활환경이 바뀌어 더 이상 도와주지 않아도 된다면 제공하던 혜택을 중지하는 일도 결정한다.

오늘날 사회복지전담 공무원은 복지정책의 확대 실시에 따라 공공부조법이나 사회복지서비스법에 따른 업무 말고도 민간 복지 자원을 찾아내어 이들과 협력하여 복지서비스를 필요로 하는 많은 국민들에게 복지급여나 복지서비스를 효율적으로 전달하기 위해 노력하고 있다.

이에 따라 사회복지전담 공무원들의 업무량은 점점 늘어나게 되었고, 업무를 처리하는 절차 또한 체계화의 길을 걷고 있다.

지금까지 사회복지전담 공무원들은 일하는 데 있어 읍·면·동 단위에 근무하는 자나 시·군·구의 본청에 근무하는 자의 구분이 없었다. 즉, 복지서비스 수급권자를 찾아내어 상담하고 이들이 복지서비스 혜택을 받을 수 있도록 신청·접수하는 일은 읍·면·동에 근무하는 사회복지전담 공무원들이 했지만, 신청자들이 과연 법에서 정한 자격 조건을 갖추고 있는지

조사하여 그 결과에 따라 혜택 수여 여부를 결정하는 것과 사후관리 업무는 읍·면·동 근무자와 시·군·구 본청 근무자들이 공동으로 수행하였다.

그러나 근무 단위에 따라 일을 구분하여 처리하는 것이 능률적이라는 판단에 따라 앞으로 읍·면·동에 근무하는 사회복지전담 공무원은 대상자 발굴, 상담 및 신청 접수와 관련된 일만 하고, 시·군·구의 본청에 근무하는 사회복지전담 공무원은 신청자의 자격 여부 조사, 보장 결정(복지서비스 제공 여부 결정), 급여나 서비스 지급 및 사후 관리 업무를 전담하게 될 것이다.

용어 설명

- 복지급여 : 법령에서 정한 소득 · 재산 또는 연령 등 일정 기준에 부합되는 개인(또는 가구)에게 현금으로 지급하는 사회복지 보조금.
- 복지서비스 : 국가나 지방자치단체 및 민간 부문의 도움을 필요로 하는 모든 국민에게 상담 · 재활 · 직업 소개 및 지도, 사회복지시설의 이용 등을 제공하여 정상적인 사회생활이 가능하도록 제도적으로 지원하는 것.
- 수급권자 : 사회복지 관련 법에 따라 급여 또는 서비스를 받을 자격이 있는 자.
- 수급자 : 사회복지 관련 법에 따라 급여 또는 서비스를 받는 자.
- 바우처 사업 : 노인 · 장애인 · 산모 · 아동 등 복지서비스를 필요로 하는 사람들에게 현금이 아닌 일종의 이용권을 발급하여 서비스를 받을 수 있도록 하는 사업.

〈읍 · 면 · 동 사무소에 근무하는 사회복지전담 공무원이 하는 일〉

■ 내방자 및 전화 상담

- 읍·면·동사무소를 찾아오는 복지 수요자 또는 전화로 문의하는 복지 수요자를 대상으로 상담
- 복지서비스 수요자의 가구적 특성, 주요 문제 및 애로 사항, 복지급여 및 서비스 수급 상황 등을 최대한 파악하여 내방자가 제공받을 수 있는 복지급여나 복지서비스에 대한 정보를 제공하고 신청 절차를 설명함.
- 이미 복지서비스를 받고 있을 경우에는 수급자의 기존 서비스 제공 내용 등을 파악하여 점검·설명하고, 그 외에 추가로 제공할 수 있는 복지서비스의 내용을 자세히 설명하고 안내함.

■ 방문 상담

- 복지급여나 서비스를 받고 있는 수급자를 대상으로 주기적으로 방문하여 상담
- 장애인, 노인, 소년소녀가장, 한부모·조손 가정, 기초수급 가정 등 국가나 지방자치단체 또는 민간 단체로부터 도움을 받고 있는 가정과 수급자들의 생활 실태와 문제점 조사
- 수급자의 건강 및 영양 상태, 주거환경 등을 파악
- 제공된 복지급여나 복지서비스가 제대로 전달되고 있는지 파악
- 사회복지와 관련된 새로운 제도나 변화된 내용에 대한 정보 제공

■ 복지서비스 수요자 발굴

- 도움이 필요한 위기 가정이나 대상자를 찾아내어 사회복지서비스를 제공받을 수 있도록 안내함.

- 사회복지전담 공무원은 불우한 이웃이 없도록 평소 업무 수행시 위기 가정이나 복지 수요자 발굴에 적극 노력하여야 함.
- 평소 지역사회 내의 주민들과 친밀한 관계를 만들어 그들로부터 나오는 다양한 정보를 수집하고 이를 업무에 활용함.
- 지역사회의 실정에 밝고 사회복지사업에 관심이 많은 복지위원의 활동을 돕고 그들을 통하여 복지서비스 수요자를 발굴하고 문제점을 해결함.
- 사회복지 사각지대 및 틈새 계층을 찾아내어 지원함.

■ 사례관리 업무 지원
- 방문 상담한 가정의 전반적인 생활에 여러 가지 문제가 발견되어 지속적인 사례관리가 필요하다고 판단되면 시·군·구 서비스 연계팀에 보고하여 사례관리를 요청함.
- 사례관리 회의에 참석
- 단순 서비스 대상자 관리

복지서비스의 종류(근거법·정책 : 복지서비스 종류)

■ 영유아보육법 : 영유아보육료 지원(영유아 보육료 0~4세, 만 5세아 보육료, 장애아 보육료, 방과후 보육료, 다문화 가족 무상보육료)

■ 노인장기요양보험법 : 재가급여, 시설급여

■ 바우처 사업 : 노인 돌봄 종합서비스, 산모 · 신생아 도우미 지원, 직업훈련비, 장애인 활동 보조지원, 가사간병 방문 도우미, 장애아동 재활치료, 아동 인지능력 향상 서비스, 지역개발형 바우처, 시청각장애 부모 자녀의 언어발달 지원 서비스

사회복지업무의 근거 법률

- 사회복지사업법
- 국민기초생활보장법
- 아동복지법
- 노인복지법
- 장애인복지법
- 장애인연법
- 영유아보육법
- 입양 촉진 및 절차에 관한 특례법
- 의료급여법
- 기초노령연금법
- 긴급복지지원법
- 한부모가족지원법

복지 급여의 종류(근거법 : 복지 급여 종류)

- 국민기초생활보장법 : 생계급여, 교육급여, 해산급여, 장제급여, 주거급여, 자활장려금
- 아동복지법 : 가정위탁 아동 양육보조금, 소년소녀가정 지원금, 시설퇴소아동 자립정착금
- 노인복지법 : 사할린 한인 지원
- 장애인복지법 : 경증장애수당, 장애아동수당, 장애인자녀 교육비
- 장애인연금법 : 장애인연금
- 영유아보육법 : 시설 미이용 아동 양육수당
- 입양촉진 및 절차에 관한 특례법 : 입양아동 양육수당, 입양장애아동 양육보조금
- 의료급여법 : 요양비
- 기초노령연금법 : 기초노령연금
- 긴급복지지원법 : 긴급복지(생계,주거,교육,해산,장제) 지원금
- 한부모가족지원법 : 한부모가족 자녀 양육비, 한부모가족 자녀 교육비 등

■ 지역사회복지자원 파악 및 관리
- 관할 지역사회 내에서 복지서비스를 제공하는 민간단체 또는 유관기관 등을 대상으로 수혜 대상자, 서비스 종류, 제공 조건 등을 수시로 파악하여 효율적으로 복지자원 관리

■ 복지급여 및 서비스 신청 안내와 접수 처리
- 지원 가능한 급여나 서비스의 제공 기준, 신청서, 구비 서류 등을 안내
- 구비 서류가 필요 없는 복지서비스는 상담 후 바로 신청서를 작성하여 접수 처리함.
- 보호 대상자의 동의를 얻어 복지급여 및 서비스를 대리 신청
- 접수된 신청서를 구비 서류와 함께 통합조사관리팀으로 이관

■ 복지 관련 민원 업무 처리
- 복지 수요자가 제출한 신청서 내용 및 제출 서류를 정보시스템에 등록
- 사회복지서비스 이용권(바우처)이나 아동 급식과 같은 업무는 읍·면·동에서 조사하고 그 결과를 정보시스템에 입력 후 각 사업별 담당자에게 이관
- 사회복지사업 관련 각종 증명서 발급 : 한부모가정 증명서, 장애인 증명서, 기초생활수급자 증명서, 청소년증, 장애인 자동차 표지, 장애인 복지카드
- 장애인 등록이나 각종 감면 업무는 접수 즉시 처리

■ 기타 지원 및 관리 업무
- 기초생활수급자 지원과 관리
- 조건부 수급자 선정 및 자활 지원 의뢰

- 한부모가정 등 차상위 복지 대상자 지원 및 관리
- 생업자금 및 저소득 주민 지원 관련 업무
- 이웃돕기사업 및 특별구호사업 관련 업무
- 사회복지 관련 행사 및 민관 협력 사업 추진
- 이의신청 및 민원 접수 처리

〈시 · 군 · 구 본청에 근무하는 사회복지전담 공무원이 주로 하는 일〉

■ 사회복지급여나 서비스를 신청한 수급권자의 상황 조사
- 신청자의 자격이 규정에 맞는지, 그리고 급여액이 적절한지 조사
- 공공 전산망을 통하여 신청자 가족에 대한 자료 조사
- 급여나 서비스를 제공받고 있는 수급자의 생활 실태 정기적으로 조사
- 필요하거나 이의제기가 있을 경우, 추가 자료 제출 요구
- 조사 결과를 통합관리망에 등재하고 담당 사업팀에 통보

■ 복지급여나 서비스 제공 결정과 관련된 기초 조사
- 제공 대상자(가구/개인)를 확인하고 부양의무자의 범위를 결정함.
- 신청자의 주민등록등본·가족관계등록부를 살펴보고 또 상담을 통하여 주민등록이 다른 가족을 조사하여 가구 구성원으로 추가하지만, 조사를 통하여 같이 거주하더라도 규정상 가족이 아닌 사람은 구성원에서 제외함.
- 확정된 가구 구성원과 부양의무자의 소득이나 재산 등에 관한 자료 조사를 요청함.

■ 복지사업 대상자와 관련된 경제력 조사

- 개인 또는 가구 구성원의 근로소득, 사업소득, 재산소득 및 기타 수입에 대해 공공 전산망을 통하여 자료를 조사함.
- 생활하는 정도를 보아서 조사되지 않은 수입이 있다고 판단될 경우, 수급권자에게'지출 실태 조사표'를 작성하게 하고 그 내용을 통합관리망에 등재함.
- 상담을 통해 별도의 다른 소득이 있음을 확인한 경우에는 '근로활동 및 소득신고서'를 다시 작성하도록 함.
- 신고한 소득 금액이 실제 생활 수준과 너무 차이가 날 정도로 낮을 경우에 추정소득 부과를 검토함.
- 수급권자 개인 또는 가구 구성원 이름의 예금, 적금, 보험, 주식, 채권, 회원권, 분양권, 입주권, 보증금, 교육비 등과 자동차를 조사하고 필요할 경우 증빙자료를 제출하도록 함.
- 공공 전산망을 통하여 수급권자 개인 또는 가구 구성원의 부채를 확인함.

■ 부양의무자에 대한 조사

- 주민등록등본·가족관계등록부를 공공 전산망으로 조사하여 부양의무자가 있는지 없는지를 확인함.
- 부양의무자의 재산과 소득을 공공 전산망을 통해 조사함.

■ 복지급여나 복지서비스 제공 결정과 관련된 일

- 신청인이 신청한 내용과 조사한 내용이 관련 법령에서 정한 기준에 맞는지 판단한 후 보장(복지급여나 복지서비스를 제공해 주는 것) 여부와 보장 내용을 결정하고 이를 통합관리망에 등재함.
- 담당 사업팀은 보장 결정과 보장의 내용을 수급권자나 신청자에게 통지함.
- 신청인이 특별히 요청한 경우를 제외하고는 보통 서면으로

통지함.

- 수급권자나 신청인에게는 결정 내용, 보장 기간, 변경 신고 및 이의신청을 안내하고 부양의무자에게는 비용 징수와 관련된 사항을 통지함.

■ 복지급여나 복지서비스를 제공하는 일

- 복지급여와 관련된 기초 자료를 확인하고 변동이 있을 경우 이를 반영함.
- 복지급여 내용을 확인한 후 결재를 거쳐 수급자에게 지급되도록 회계부서에 지급을 의뢰함.
- 수급자 본인의 신청이나 담당 공무원의 확인에 의하여 복지대상자의 생활 환경이 바뀌었을 경우, 복지급여 내용을 변경하고 이를 서면으로 통지함.
- 수급자의 생활 수준이 향상되어 법에서 규정한 조건에서 벗어날 경우, 수급자가 급여를 거부하거나 필요한 자료를 제출하지 않을 경우에 복지급여를 중지하며 이를 수급자에게 통지함.
- 복지서비스에 필요한 비용을 3개월에 한 번씩 한국사회서비스관리원에 납부
- 복지서비스 대상자를 결정하여 신청자에게 통지하며 신청자 부담금이나 서비스 제공 기관 등에 대해 안내
- 수급자의 이의신청이나 변경 신청에 따라, 또한 담당 공무원의 확인에 의하여 서비스 등급을 조정함.
- 수급자의 자격이 상실된 경우에 통합관리망을 통하여 한국사회서비스관리원으로 관련 자료를 전송함.

■ 수급자의 상황 변동에 따른 업무

- 수급자의 신고, 변경 신청, 공공 전산망을 통한 변동 사항 확인 및 담당 공무원의 확인 조사 등을 통하여 수급자의

생활환경에 변화가 일어났을 경우, 보장을 중지하든지 혹은 보장 내용을 변경함.
- 수급자 또는 가구 구성원의 소득이나 재산에 변화가 있을 경우, 이를 확인하고 보장에 반영함.
- 가구 구성원의 변동이 있을 경우에는 사항에 따라 보장 내용을 조정함.

■ 복지급여나 복지서비스의 적절한 제공을 위한 사후관리 업무
- 수급자가 현재 다른 복지급여나 서비스를 제공받을 수 있는 지를 알아보고 추가로 지원을 받도록 안내함.
- 수급자가 나이가 늘어나면서 추가로 지원받을 수 있는 급여나 서비스가 있는지 알아보고 지원받을 수 있도록 안내함.
- 수급자 중 소득, 재산, 근로 능력, 부양 관계 등에 대한 추가 확인이 필요한 중점관리 대상자는 통합관리하고 정기적으로 확인 조사를 실시함.
- 수급자의 자격과 제공되는 복지급여와 서비스 내용을 분석하여 잘못 지원되거나 중복지원되는 일이 없도록 함.
- 보장 중지자 또는 탈락자가 5년 이내에 다시 수급을 신청한 경우에는 통합관리망상의 소득이나 재산 등 조사된 내용을 확인하고 처리함.
- 잘못이 확인된 수급자에게 보장 중지 또는 보장 내용 변경을 통지함.
- 부정한 방법으로 수급자가 된 것이 확인되어 보장이 중지된 자에게 보장 비용을 징수할 것을 결정하고 납부통지서를 해당자에게 발송함. 납부 기일까지 납부하지 않을 경우에는 체납 처리 절차를 진행함.

지역사회복지서비스

최근 모든 지방자치단체가 활발하게 추진하고 있는 지역사회복지서비스 업무는 기존의 사회복지 업무보다 한 단계 진화된 형태의 복지라 할 수 있다. 왜냐하면 이전에는 주로 사회적 약자, 즉 힘들고 못사는 사람 위주로 사회복지서비스가 이루어졌지만 지역사회복지서비스는 취약 계층에게 제공하는 복지서비스 말고도 중산층을 포함한 모든 지역주민들의 삶의 질을 향상시키기 위한 사회복지서비스를 포함하고 있기 때문이다.

그리고 찾아오는 복지 수요자를 대상으로 이루어지던 소극적 복지서비스에서 이제는 사회복지전담 공무원이 복지 수요자를 직접 찾아가 다양한 복지서비스 정보를 제공함으로써 누락자 없이 복지 혜택을 받을 수 있도록 하는 적극적인 복지로 바뀌었다. 그런 점에서 지역 사회복지서비스는 보다 적극적이며 능동적인 복지 형태라 할 수 있다.

정부는 읍·면·동 사무소에 근무하는 사회복지전담 공무원에게 관할 지역에서 복지서비스를 필요로 하는 사람들을 적극적으로 발굴하고 관리하는 데 앞장서게 하고 있다.

■ 찾아가는 복지서비스
복지서비스 수요자의 가정을 직접 방문하여 생활 실태를 살피고 그들의 문제점과 애로사항을 파악하고 필요한 복지서비스를 제공한다.

■ 수요자 맞춤형 복지서비스
도움을 필요로 하는 복지서비스 수요자가 가지고 있는 문제점을 면밀히 조사·분석하여 그 원인을 파악한 후, 문제 해결을 위한 가장 적절한 사회복지서비스를 제공한다. 만일 그 문제가 여러 가지 복합적인 상황으로 인해 생겨났다면 그 문제가 해결될 때까지 중장기적으로 보호하고 지원한다(이를

중산층을 포함하는 지역복지서비스의 예

보육료 지원, 기초노령연금, 노인장기요양보험, 다문화 교육 프로그램, 정신보건서비스, 가정폭력 상담 및 지원 등

'사례관리'라 한다).

■ 모든 지역주민을 대상으로 하는 복지서비스
못살고 불우한 주민들 위주로 했던 복지서비스에서 벗어나
중산층이라도 도움을 필요로 하는 지역주민이라면 누구에게나
제공하도록 복지서비스를 점차 확대 실시한다.

■ 민간 복지자원 발굴과 연계를 통해 공동으로 제공하는
복지서비스
복지사회를 만들기 위해서는 모두 힘을 모아 노력해야 한다.
또한 국가와 지방자치단체가 민간 단체와 함께
사회복지사업을 추진할 경우, 서로의 장점과 단점을
발전·보완시킬 수 있어 일의 효율성이 높아진다.

지역사회 민간 복지자원의 예

■ 시설 자원 : 각종 복지시설, 의료시설, 공부방, 보육시설, 문화체육시설 등

■ 인적 자원 : 사회복지사, 의사, 교사, 간호사, 변호사, 자원봉사자, 봉사단체, 동 부녀회 등

월급은 봉급과
수당으로 이루어지는데,
사회복지사의 월급 체계는
크게 두 가지 경우로
나누어 생각할 수 있다.
하나는 사회복지전담
공무원으로 취직했을
경우이고, 또 하나는
사회복지시설에 취직했을
경우이다.

04 사회복지사의 월급 체계

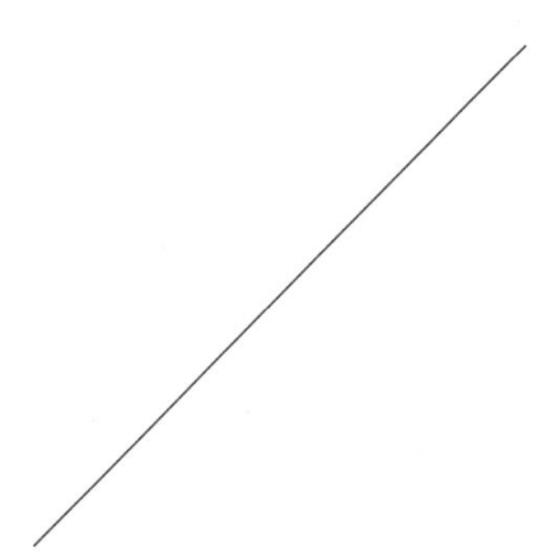

사회복지전담 공무원의 보수

사회복지전담 공무원으로 취직이 되면 다른 일반직 공무원과 똑같은 월급을 받게 된다. 즉, 호봉에 따르는 봉급과 기타 수당을 받는다. 이때 봉급은 계급과 호봉에 정해진 액수를 모든 공무원이 똑같이 받지만 수당은 같은 계급과 같은 호봉이라 하더라도 직책, 하는 일의 특성, 근무환경 및 생활여건에 따라 각각 다르다.

〈초임 호봉의 결정과 승급〉

사회복지사가 대학을 졸업하고 아무런 경력 없이 바로 공무원이 되었다면 1호봉을 받는다. 그러나 군대를 갔다 왔다면 군복무 기간은 공무원으로 일한 것과 똑같이 취급하여 군복무

기간만큼 경력으로 인정해 준다. 그래서 2년간 군복무를 하였다면 첫 호봉이 1호봉이 아니고 2년을 더하여 3호봉이 된다.

또한 공무원이 되기 전에 다른 직장에서 근무했다면 역시 공무원으로 일한 것과 같이 취급하여 호봉을 올려 준다. 이때 직장의 종류에 따라서 일한 기간을 100% 인정해 주기도 하고 50~80% 인정해 주기도 한다.

이처럼 사회복지전담 공무원이 되기 전에 일한 경력을 얼마만큼 인정해 주느냐에 관한 계산 방법이 있는데, 이를 경력환산율이라고 한다. 이것은 '지방공무원 보수규정 별표 2'를 보면 자세히 알 수 있다.

이렇게 하여 사회복지사의 첫 호봉이 결정되면 여기에 수당이 합쳐져 월급 액수가 정해진다. 초임 호봉이 결정되면 여기에서부터 매년 1호봉씩 오르는데, 호봉이 오른 달부터 만 12개월이 지난 다음 달 1일에 오른다. 즉 2018년 5월 1일에 5호봉이 되었다면 2019년 5월 1일자로 6호봉이 된다.

호봉이 오르면 그만큼 많은 봉급을 받게 되고, 또한 봉급을 기본으로 하여 정해지는 수당도 오르므로 전체적으로 월급이 많이 오르게 된다. 이러한 호봉은 근무한 햇수에 따라 오르는 것이 기본이지만, 일을 열심히 하여 다른 공무원의 모범이 될 경우 특별히 호봉이 올라가기도 한다.

호봉이 오르는 것 이외에 월급이 오르는 또 한 가지 경우는 승진하는 때이다. 승진하여 계급이 높아지면 월급도 따라서 오르는데, 이는 계급에 따라 계산하는 최저 봉급 액수가 다르기 때문이다.

그래서 같은 호봉일 경우에는 계급이 높은 사람의 봉급이 낮은 사람보다 높다. 경우에 따라서는 이 차이가 너무 심해서 봉급 액수를 적절하게 조정하기 위해 승진자의 호봉을 다시 정하기도 하는데, 이것이 바로 승진시 호봉 조정에 관한 규정이다.

공무원들은 계급이 있으며, 계급에 따라 직책이 달라지고

공무원이 승진할 경우 호봉을 다시 정하는 기준

승진 전의 호봉 급수에서 1을 뺀 급수를 승진 후의 호봉으로 한다.

9급 공무원 6호봉으로 있다가 8급 공무원으로 승진했을 경우에는 6호봉에서 1을 뺀 5호봉으로 한다는 것이다. 즉 8급 5호봉의 봉급을 받으며, 이때부터 또 해마다 1호봉씩 올라간다.

사회복지전담 공무원의 경력환산율에 관한 일부

1. 이전에 일한 기간을 100% 인정해 주는 직업 활동

■ 다른 공무원으로 일했을 경우

■ 군복무의 경우

2. 이전에 일한 기간의 80%만 인정해 주는 직업 활동

■ 국가기술자격증이나 면허증 또는 박사학위를 가지고 공무원으로서 하는 일과 같은 일을 한 경우(사회복지사 자격증을 가지고 사회복지시설이나 기관에서 일을 하다가 사회복지전담 공무원이 되었을 때)

■ 민간 직업상담원으로 일한 경우

■ 국가 또는 지방자치단체의 위원회 상임위원과 전임직원으로 일한 경우

3. 이전에 일한 기간의 70%만 인정해 주는 직업 활동

■ 국제기구의 정규 직원으로 일한 경우

■ 사립학교의 정규 교직원으로 일한 경우

■ 국 · 공립학교의 임시 교원 또는 기간제 교원으로 일한 경우

4. 이전에 일한 기간의 50%만 인정해 주는 직업 활동

■ 사립학교에서 임시 교원 또는 기간제 교원으로 일한 경우

- 지방공무원 보수규정 별표 2 참조

월급과 관련된 용어 설명

■ 보수 : 봉급과 각종 수당을 합한 금액

■ 연봉 : 1년 동안 받는 보수의 총 합계

■ 월급 : 매달 받는 보수. 봉급은 1년 동안 변하지 않지만 수당은 매달 바뀌기 때문에 월급은 달마다 조금씩 달라질 수 있음.

■ 봉급 : 직위나 계급 및 호봉에 따라 지급되는 기본 급여

■ 수당 : 직위, 직책, 업무의 특성, 근무 환경 및 생활 여건 등에 따라 지급되는 각종 추가 급여

■ 승진 : 직위나 계급이 올라가는 것

■ 승급 : 호봉이 올라가는 것

■ 호봉 : 근무한 햇수 표시. 경력이나 승진에 따라 계산 방법이 다르지만 보통 취직한 첫해에는 1호봉이고 그 뒤 1년마다 1호봉씩 오름.

월급도 차이가 난다. 그래서 공무원들은 항상 승진하기 위해
열심히 일한다. 지방공무원의 경우 일반적으로 6급이 되면
팀장이 되고 5급이 되면 과장, 4급이 되면 실장이나 국장이 된다.

그러면 공무원은 어떻게 승진할까?

공무원은 승진하기 위해서는 최소한 일정 기간 한 계급으로
근무해야 한다. 즉 아무때나 승진시켜 주는 것이 아니고, 법으로
정해진 기간에는 같은 계급으로 일하다가 그 기간이 지나야
승진할 수 있는 자격이 주어진다.

물론 이 기간만 채운다고 모두 다 승진하는 것은 아니다. 일단
자격을 부여하고 자격을 가진 사람들 중에서 심사나 시험을
통하여 승진시킨다. 이때 법적으로 근무해야 하는 일정 기간을
승진에 필요한 최저근무연수라는 의미로 '승진소요최저연수'라
하는데, 다음과 같다.

승진소요최저연수

- 3급 이상 … 2년 이상
- 4급 …………3년 이상
- 5급 …………4년 이상
- 6급 …………3년 6개월 이상
- 7급 및 8급 …2년 이상
- 9급 …………1년 6개월 이상

일반적 승진 방법

- 일반 승진 시험 방식
- 인사위원회 승진 의결 방식
- 일반 승진 시험과 인사위원회 승진 의결 병행 방식

– 지방공무원 임용령 참조

〈봉급표〉

공무원의 봉급을 정할 때에는 계급과 호봉에 따라 정하는데 사회복지전담 공무원과 같은 일반직 공무원의 봉급표는 다음 페이지에 있는 표와 같다. 사회복지전담 공무원은 이러한 봉급을 기본으로 여러 가지 수당을 합쳐 월급으로 받는다.

〈수당〉

봉급 이외에 사회복지전담 공무원들에게 매달 지급하는 돈을 수당이라고 하는데, 이는 맡은 업무, 계급, 일하는 환경 및 생활여건 등에 따라 액수가 다르다. 그래서 똑같은 계급의 같은 호봉이라도 수당으로 받는 돈이 서로 다를 수 있다.

공무원이 받는 월급은 봉급과 수당을 합친 것으로, 봉급은 봉급표에 의해 고정되어 있지만 수당은 지급 시기에 따라 수시로 달라지기 때문에 매달 받는 월급의 액수가 다를 수 있다. 그리고 여러 가지 종류의 수당 중 어떤 수당은 모든 공무원에게 지급되지만 어떤 수당은 해당자에게만 지급된다. 자세한 것은 '공무원 수당 등의 업무 처리 기준'에 나와 있다.

공무원이 봉급 이외에 받는 주요 수당에는 다음과 같은 것들이 있다.

■ 상여수당

1. 대우공무원수당 : 대우공무원으로 선정된 사람에게만 주는 수당
- 지급 시기 : 매달
2. 정근수당 : 1년 이상 근무한 모든 공무원에게 주는 수당(일한 햇수에 따라 다름)
- 지급 시기 : 연 2회(1월과 7월)
3. 정근수당 가산금 : 5년 이상 근무한 공무원들에게

대우공무원

승진할 수 있는 조건을 갖춘 우수한 공무원을 미리 한 계급 높은 공무원으로 대우해 주는데, 이를 대우공무원이라고 한다.

〈사회복지직 공무원의 봉급표(2023년 기준)〉

〈단위: 원〉

호봉	3급	4급	5급	6급	7급	8급	9급
1	3,460,900	2,966,200	2,650,700	2,186,800	1,962,300	1,805,100	1,770,800
2	3,588,900	3,087,300	2,757,800	2,288,500	2,051,800	1,863,600	1,789,800
3	3,720,800	3,210,400	2,869,100	2,393,400	2,146,600	1,924,200	1,821,500
4	3,853,600	3,336,400	2,984,600	2,500,600	2,246,200	2,015,700	1,865,700
5	3,988,600	3,464,100	3,103,200	2,611,000	2,349,400	2,110,800	1,922,300
6	4,124,900	3,593,100	3,224,200	2,724,500	2,455,000	2,208,200	1,992,800
7	4,262,800	3,723,100	3,347,000	2,838,300	2,561,300	2,305,900	2,081,300
8	4,401,100	3,853,900	3,471,400	2,952,500	2,668,400	2,399,900	2,166,600
9	4,540,500	3,985,100	3,596,200	3,067,000	2,770,200	2,489,500	2,248,300
10	4,679,800	4,116,100	3,721,900	3,174,400	2,867,400	2,574,300	2,326,900
11	4,819,400	4,248,300	3,839,300	3,276,300	2,959,100	2,656,400	2,401,800
12	4,964,100	4,372,700	3,952,600	3,376,600	3,049,200	2,736,600	2,476,400
13	5,098,500	4,489,000	4,060,100	3,470,900	3,134,700	2,813,700	2,547,800
14	5,223,400	4,597,600	4,160,300	3,560,000	3,216,400	2,887,400	2,617,200
15	5,338,400	4,699,800	4,255,000	3,645,700	3,294,500	2,958,100	2,683,500
16	5,445,700	4,796,300	4,344,100	3,725,900	3,368,300	3,026,500	2,747,600
17	5,545,400	4,885,900	4,427,900	3,802,400	3,439,200	3,090,300	2,810,300
18	5,638,000	4,969,500	4,507,000	3,874,800	3,507,000	3,152,100	2,868,600
19	5,723,700	5,047,600	4,581,600	3,943,500	3,570,900	3,211,500	2,926,000
20	5,804,000	5,120,600	4,651,500	4,008,100	3,631,700	3,268,100	2,980,700
21	5,878,300	5,188,800	4,717,200	4,070,200	3,689,800	3,322,100	3,032,400
22	5,947,100	5,252,800	4,778,900	4,128,700	3,744,500	3,374,000	3,081,900
23	6,010,600	5,312,900	4,837,300	4,183,500	3,797,600	3,423,400	3,129,200
24	6,070,000	5,369,600	4,891,700	4,235,800	3,847,800	3,471,100	3,174,500

1. 위 금액은 2023년 것으로 호봉에 따른 봉급의 액수는 해마다 조금씩 다를 수 있음.

2. 6급 32호봉까지 있으나 25호봉 이하는 생략하였음.

정근수당 이외에 추가로 더 주는 돈으로 이 또한 근무한 햇수에 따라 다르다.

- 지급 시기 : 매달

4. 성과상여금 : 4급 이하의 공무원으로 근무 성적이나 실적이 우수한 자에게 주는 수당

- 지급 시기 : 연 1회

5. 창안상여금 : 1년 동안 국가나 지방자치단체에 직접적이고 현저한 예산 절감을 가져온 제안을 한 경우에 지급하는 수당

- 지급 시기 : 연 1회

■ 가계보전수당

1. 가족수당 : 부양 가족이 있는 공무원에게 주는 수당

- 지급 시기 : 매달
- 지급액 : 배우자 40,000원, 기타 부양 가족 1명당 20,000원 지급

2. 육아휴직수당 : 아이를 키우는 일로 휴직한 공무원에게 주는 수당

- 지급 시기 : 매달. 단 1년 이내.
- 지급액 : 월 봉급액의 80%

■ 특수지근무수당

교통이 불편하고 문화·교육 시설이 거의 없는 지역이나 근무 환경이 특수한 기관에서 일하는 공무원에게 주는 수당

- 지급 시기 : 매달

■ 특수근무수당

특수한 일을 하는 공무원에게 주는 수당

- 지급 시기 : 매달

■ 초과근무수당

1. 시간외 근무수당 : 근무 시간 외에 근무한 경우에
지급하는 수당
- 지급 시기 : 초과 근무를 했을 경우만
2. 야간근무수당 : 밤에 근무하는 공무원에게 주는 수당
- 지급 시기 : 매달
3. 휴일근무수당 : 휴일에 근무하는 공무원에게 주는 수당
- 지급 시기 : 매달
4. 관리업무수당 : 4급 이상 또는 이에 상당하는 계급의
공무원에 주는 수당
- 지급 시기 : 매달

■ 실비보상

1. 정액 급식비 : 매달 13만 원씩 모든 공무원에게 지급
2. 명절 휴가비
- 지급 시기 : 설날과 추석에 지급
- 지급액 : 월 봉급액의 60%
3. 연가보상비 : 공무원에게 주어진 휴가를 가지 않고 계속
일을 했을 경우, 휴가를 보상해 주는 비용.
- 지급 시기 : 연 1회
4. 직급보조비 : 계급에 따라 매달 주는 수당
- 지급 시기 : 매달

사회복지시설 근무자의 보수

일반적으로 사회복지시설마다 보수에 관한 규정이 조금씩 다르기 때문에 어떤 기관에서 일하느냐에 따라 사회복지사가 받는 실제 월급도 달라진다.

즉, 국가나 지방자치단체에서 운영하는지, 아니면 법인이나 민간 단체에서 운영하는지, 법인이면 외국 법인인지 내국 법인인지, 복지시설이 이용시설인지 생활시설인지, 그리고 시설의 종류(노인 · 장애인 · 아동…)와 소재지(대도시 · 중소도시 · 농촌)가 어디이냐에 따라 일하는 것이 다르고 아울러 받는 월급도 다르다.

따라서 사회복지시설에 근무하는 사회복지사는 공무원처럼 월급을 얼마 받는다고 일괄적으로 말할 수가 없다. 하지만 시설에 따라 크게 차이가 나는 것은 아니기 때문에 평균적으로 말할 수는 있다. 한국사회복지사협회의 조사에 따르면 사회복지사의 월 평균 기본급(1호봉 기준)은 194만 2,000원이며, 평균 근무한 햇수는 5.4년인 것으로 나타났다.

그러나 보건복지부 자료에 따르면 생활시설이나 사회복지관에 근무하는 종사자들의 월 평균 보수는 236만 3,469원으로 조사되어 그동안 사회복지사들의 임금이 조금 오른 것으로 나타난다. 복지시설에 근무하더라도 노인이나 아동생활시설에서 일하는 사람이 다른 복지시설에서 일하는 사람보다 많은 임금을 받는 것으로 보인다.

이밖에도 여러 가지 조사 연구가 있지만 대략 이와 비슷한 수준으로, 일의 양이나 특성 및 힘든 정도에 비하여 월급 액수가 적은 편이다.

하지만 어떤 직종과 비교하느냐에 따라 이러한 이야기는 얼마든지 달라질 수 있다. 사회복지사가 전문직이라 하여 의사나 변호사와 비교한다면 적다고 하겠지만, 이는 객관성이 좀 없다고 할 수 있다. 만화가나 간호사와 비교한다면 일이 더 힘들다거나 월급 액수가 결코 적다고만 할 수 없을 것이다.

그러나 같은 사회복지사로 사회복지전담 공무원이 되었을 경우와 비교한다면 초기 봉급에서는 복지시설 종사자가 조금 많지만, 수당 면에서는 공무원이 훨씬 많다고 할 것이다. 그리고 근무 햇수가 많아질수록 봉급과 수당 모든 부분에서 공무원이 시설 종사자보다 많다. 복지시설 종사자의 임금은 평균적으로 볼 때 공무원의 70% 정도 된다고 보면 된다.

일이 힘든 것을 생각한다면 공무원처럼 다양한 수당을 지급하는 것이 바람직하겠지만, 사회복지시설을 설립하는 기관이나 개인의 경제적 한계를 무시할 수 없기 때문에 아직까지는 사회에 대한 애정과 열의로 이러한 문제를 감싸안아야 할 것 같다.

그러나 사회복지 업무 자체가 원래 국가나 지방정부가 해야 할 일임에도 복지시설이나 기관이 이 일을 위탁받아 하고 있다는 점을 잊어서는 안 될 것이다.

따라서 사회복지서비스를 국민들에게 보다 효과적으로 제공해야 할 책임이 있는 국가와 지방정부는 사회복지시설에 종사하는 사회복지사의 보수 문제에 대해 좀 더 체계적이고도 합리적인 지도와 지원을 해야 할 필요가 있다.

특히 사회적으로 복지 수요가 늘어나고 있는 점을 생각해 볼 때 사회복지사의 안정적인 수입을 보장해 주는 것이 복지사회를 건설하는 초석이 된다는 것을 명심해야 할 것이다. 국가와 지방정부도 이러한 문제점을 알고 사회복지시설 종사자들의 임금 수준을 적어도 공무원 수준으로 올리려 하고는 있다.

〈초임 호봉의 결정과 승급〉

호봉은 사회복지사의 급여와 관계되는 것으로 아주 중요하다. 그러면 사회복지시설에 처음 취직한 사회복지사의 첫 호봉은 어떻게 결정할까?

처음 취직한 경우에는 1호봉이라 하고, 그 뒤부터 매년 1호봉씩 올라간다. 그런데 사회복지시설에 취직하기 전에 다른 직장에서 일한 경력이 있다면 이 또한 근무한 햇수로 인정하여 호봉을 올려준다. 그러나 모든 직장의 경력이 다 인정받는 것은 아니고 다른 사회복지시설에서 일했거나(근무기간 100% 인정), 또한 사회복지 업무와 비슷한 일을 한 경우(근무기간 80% 인정)에만 인정을 받는다. 그리고 예외적으로 남자의 경우에 군 의무복무기간(근무기간 100% 인정)만큼 근무 경력으로 인정받는다.

승급은 별다른 사항이 없는 한, 일한 기간이 1년이 되면 자동으로 1호봉 올라가고 그에 따라 월급도 많아진다.

그러나 아무 때나 승급하는 것이 아니고 1월 1일, 4월 1일, 7월 1일 혹은 10월 1일자로 호봉이 오르는데, 만 12개월이 지난 가장 가까운 날자에 승급된다. 이때 만일 이전 경력이나 군 복무기간을 계산할 때 1년이 채 되지 않아 초임 호봉에 포함되지 않은 잔여 개월이 있다면 이 기간을 포함하여 근무 기간을 계산한다.

예를 들면 군 복무를 21개월 했다면 1년 9개월이 되기에 호봉은 1호봉만 인정되어 초임 호봉이 1호봉이 아니고 2호봉이 된다. 그러나 나머지 9개월이 인정되기 때문에 3개월만 더 일하면 1년 일한 것으로 간주되어 또 1호봉이 올라 3호봉이 된다는 말이다.

호봉은 30호봉이 끝이고 더 이상의 호봉은 없다. 그래서 30호봉이 되면 더 이상 호봉이 오르지 않는다.

〈2023년 사회복지생활시설 종사자 봉급 기준표〉

〈단위: 원〉

호봉	원장	사무국장	과장 및 생활복지사	선임 생활지도원	생활지도원
1	2,272,800	2,575,500	2,267,000	2,159,800	2,073,500
2	2,820,800	2,659,900	2,323,200	2,211,400	2,112,400
3	2,916,400	2,755,700	2,385,000	2,274,100	2,151,100
4	3,024,800	2,849,500	2,482,000	2,336,500	2,206,900
5	3,148,900	2,956,700	2,584,800	2,399,500	2,265,300
6	3,278,800	3,073,400	2,691,000	2,487,200	2,323,300
7	3,408,500	3,189,700	2,801,700	2,576,600	2,410,000
8	3,542,700	3,323,700	2,912,900	2,671,000	2,505,300
9	3,677,900	3,457,800	3,020,900	2,770,100	2,595,000
10	3,806,400	3,588,500	3,136,000	2,861,500	2,673,300
15	4,347,300	4,089,100	3,581,900	3,259,100	2,979,600
20	4,718,600	4,445,900	3,914,900	3,570,200	3,284,700
25	4,997,100	4,714,400	4,165,700	3,810,500	3,516,400
30	5,170,000	4,892,800	4,337,400	3,976,500	3,669,600

원장을 제외하고는 31호봉까지 있으나 생략함.

〈자료 : 2023년도 사회복지시설 가이드라인. 보건복지부〉

〈봉급표〉

사회복지사 월급의 기본이 되는 금액으로 시설이 생활시설이냐 이용시설이냐에 따라 액수가 조금씩 다르다. 다음의 봉급표는 보건복지부에서 제시한 사회복지시설 종사자 기준 봉급인데 참고할 만하다.

그러나 앞에서 말한 것처럼 사회복지시설 종사자의 월급은 시설의 여러 가지 상황에 따라 다르기 때문에 위의 봉급표가 모두에게 공통으로 적용되는 것은 아니라는 것을 알아야 한다. 이는 어디까지나 기준일 뿐이다. 각각의 시설은 나름의 여건과 재정력에 따라 직원들에게 월급을 주기 때문에 액수에 차이가 있다.

하지만 보건복지부의 이 봉급 기준표는 최소 지급 기준을 제시한 것으로, 현재 정부나 지방자치단체에서 운영하는 사회복지시설은 대체로 이를 따르고 있다.

사회복지사는 이러한 봉급을 기본으로 여러 가지 수당을 합쳐 월급으로 받는다.

사회복지사는 생활복지사급으로 보면 된다. 사무국장이나 원장으로 승진할 수 있으며, 사회복지사 3급 이상의 자격증을 가지면 법에 의해 생활복지사가 될 수 있다.

그런데 이 봉급표는 공무원의 경우처럼 이대로 지급하는 것이 아니고 이를 참고로 하여 각 기관마다 월급을 지급하라는 권고 기준안이다. 아직 공무원이 아닌 사회복지사와 관련해서는 확정된 봉급표가 없다.

이는 생활시설 종사자뿐만 아니라 사회복지관이나 노인복지관 종사자들도 마찬가지이다. 우리 사회가 앞으로 선진 복지사회로 나아가기 위해서는 이 문제를 빠른 시일 안에 해결해야 할 것이다.

다음은 일시적으로 방문하여 이용할 수 있는 사회복지 이용시설(주로 복지관)에서 일하는 사회복지사의 봉급 기준표이다. 이 역시 최소 지급 기준을 제시한 것이다. 이밖에도 사회복지사는 직위, 직책, 업무 환경, 생활 여건 등에 따른 수당을 매달 받는다.

한편 사회복지사는 선임사회복지사, 과장, 부장, 관장으로 승진할 수 있다.

그러면 사회복지기관에 근무하는 사회복지사들은 어떻게 승진할까? 이들도 승진하기 위해서는 최소한 일정 기간 한 직책에 근무해야 한다. 일반적으로 이 근무 기간을 채우지 않으면 능력이 있다고 하더라도 승진할 수 없다.

사회복지사로 복지시설에서 만 3년 이상 일한 경우에는 4년째 되는 해에 자동으로 선임 사회복지사가 되지만, 그 밖에 과장,

〈2023년 사회복지관 및 노인복지관 직원 봉급 기준표〉

〈단위: 원〉

호봉	관장	부장	과장	선임 사회복지사	사회복지사
1	2,272,800	2,575,500	2,267,000	2,159,800	2,073,500
2	2,820,800	2,659,900	2,323,200	2,211,400	2,112,400
3	2,916,400	2,755,700	2,385,000	2,274,100	2,151,100
4	3,024,800	2,849,500	2,482,000	2,336,500	2,206,900
5	3,148,900	2,956,700	2,584,800	2,399,500	2,265,300
6	3,278,800	3,073,400	2,691,000	2,487,200	2,323,300
7	3,408,500	3,189,700	2,801,700	2,576,600	2,410,000
8	3,542,700	3,323,700	2,912,900	2,671,000	2,505,300
9	3,677,900	3,457,800	3,020,900	2,770,100	2,595,000
10	3,806,400	3,588,500	3,136,000	2,861,500	2,673,300
15	4,347,300	4,089,100	3,581,900	3,259,100	2,979,600
20	4,718,600	4,445,900	3,914,900	3,570,200	3,284,700
25	4,997,100	4,714,400	4,165,700	3,810,500	3,516,400
30	5,170,000	4,892,800	4,337,400	3,976,500	3,669,600

원장을 제외하고는 31호봉까지 있으나 생략함.

〈자료 : 2023년도 사회복지시설 가이드라인, 보건복지부〉

〈사회복지직 직책별 승진에 필요한 최소 기간〉

직책	선임 사회복지사	과장	부장 사무국장	관장
연한	만 3년 이상	만 5년 이상	만 7년 이상	해당사항 없음

〈자료 : 2023년도 사회복지시설 가이드라인, 보건복지부〉

부장 또는 사무국장은 승진에 필요한 최소 기간 동안 근무했다고 하여 자동으로 승진하는 것이 아니고 인사권자가 자격을 갖춘 사람 중에서 필요에 따라 임의로 승진시킨다.

〈수당〉

사회복지시설에 근무하는 사람이 받는 수당의 종류와 액수는 기본적으로 다음과 같다. 이밖에 시설의 재정 여건에 따라서 정근수당, 복지수당, 직무수당, 종사자수당 등을 주기도 한다.

■ 명절 휴가비

설과 추석에 각각 봉급의 50% 지급.

■ 연장근로수당

근무시간보다 더 많은 시간 일했을 경우 지급(초과근무시간 수×통상 월급×1/209×1.5에 해당하는 금액 지급). 그러나 현실적으로 많은 사회복지사들이 연장근로수당을 받지 못하고 있는 실정임. 또한 일부 지방정부는 월 연장근무시간 수를 얼마 되지 않게 제한함으로써 그 시간 이상으로 연장 근무를 했을 경우, 초과 시간에 대해서 수당을 받을 수 없도록 제안하고 있음.

■ 가족수당

부양가족이 있을 경우에 지급(1인당 2만 원, 배우자는 4만 원).

정년과 퇴직

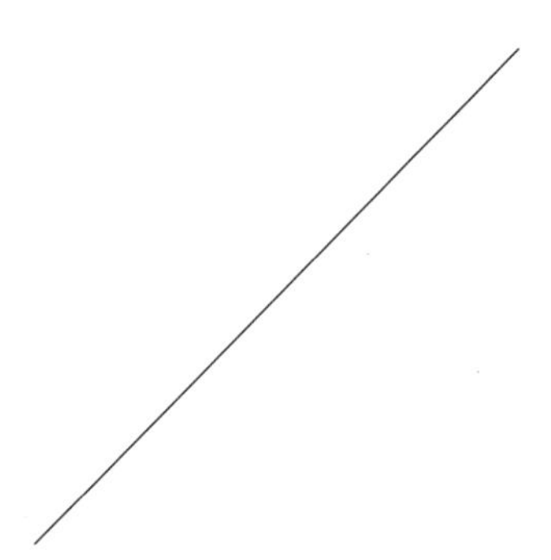

정년

일을 더 할 수 없다고 법률로 정해 놓은 나이를 정년이라고 하는데, 정년 나이는 근무하는 직장에 따라서 다르다.

사회복지사가 사회복지전담 공무원이 되어 근무할 경우에는 60세까지 일할 수 있도록 법으로 신분을 보장해 놓았지만, 사회복지시설에서 일할 경우에는 공무원의 경우처럼 법적 규정이 없다.

다만 국가나 지방자치단체가 월급을 지원해 주는 사회복지시설에서는 일반적으로 60세까지만 지원하고, 복지관장이나 센터장, 또는 상담소장과 같은 시설의 장은 65세까지 지원함으로써 묵시적으로 이를 정년으로 삼고 있다.

그러나 이것은 법적 규정이 아니기 때문에 사회복지시설

종사자는 60세가 되면 반드시 그만두어야 하고, 시설장은 65세가 되면 퇴직해야 하는 것은 아니다. 정부의 도움 없이도 월급을 줄 수 있다면 나이 제한 없이 계속 일할 수 있다.

하지만 국가나 지방자치단체가 운영하거나, 아니면 정부의 지원에 많이 의존하고 있는 사회복지시설에서는 대체로 이 나이를 정년이라고 생각하면 될 것이다.

그런데 정년이 정해져 있다고 해서 마음대로 일을 해도 그 나이까지 해고당하지 않고 근무할 수 있는 것은 아니다. 사회복지전담 공무원은 지방공무원법에 의하여, 그리고 사회복지시설에 근무하는 사회복지사는 근로기준법에 의하여 사유가 생기면 언제든 해고나 면직을 당할 수 있다.

다만, 부당하게 해고나 면직을 당했다고 생각되면 공무원은 소청위원회에 소청심사를, 시설 근무자는 노동위원회에 구제신청을 할 수 있다. 그런데 소청위원회나 노동위원회의 결정이 적절하지 못하다고 여겨지면 다시 심사(재심)를 요구하거나 행정소송을 제기하여 억울함을 밝힐 수 있다.

퇴직과 연금

정년이나 사정에 의해 퇴직할 경우에는 퇴직금과 경우에 따라 연금을 받을 수 있다.

〈사회복지전담 공무원의 경우〉

공무원연금법의 적용을 받는다(『나의 직업 공무원』'퇴직과 연금'편 참조).

〈사회복지시설 사회복지사의 경우〉

근로자 퇴직급여보장법의 적용을 받는다.

- 사회복지사를 고용하는 사람은 1년 이상 근무한 사회복지사에 대해 1년당 평균 1개월분의 월급을 퇴직시 퇴직급여로 지급할 수 있도록 제도를 만들어야 한다.
- 퇴직연금에 가입한 복지관의 경우에는 퇴직연금법에 따른다.
- 1년 미만 근무한 사회복지사에 대해서는 퇴직급여를 지급하지 않는다.
- 퇴직급여 신청 권리는 퇴직한 날로부터 3년 내에 해야 한다. 3년이 지나면 퇴직급여를 청구할 수 없다.

Part Three

Get a Job

01 사회복지사 급수별 되는 방법

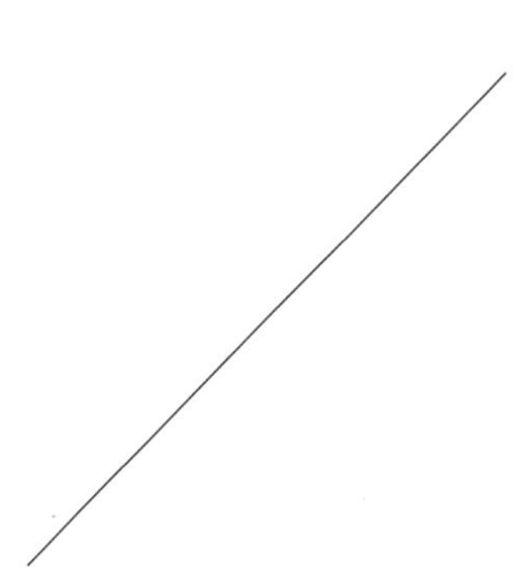

1급 사회복지사 국가시험

한국산업인력공단에서 1년에 1회 이상 시행하며, 자격증은 한국사회복지사협회에서 응시자격 심사 후에 발급한다.

〈응시 자격〉

- '고등교육법'에 따른 대학원에서 사회복지학 또는 사회사업학을 전공하고 석사학위 또는 박사학위를 취득한 자. 다만, 대학에서 사회복지학 또는 사회사업학을 전공하지 아니하고 동 석사학위를 취득한 자는 보건복지가족부령이 정하는 사회복지학 전공 교과목과 사회복지 관련 교과목 중 사회복지 현장실습을 포함한 필수과목 6과목 이상(대학에서 이수한 교과목을 포함하되, 대학원에서 4과목 이상을 이수해야 한다),

선택 과목 2과목 이상을 각각 이수해야 한다.

■ '고등교육법'에 따른 대학에서 보건복지가족부령이 정하는 사회복지학 전공 교과목과 사회복지 관련 교과목을 이수하고 학사학위를 취득한 자

■ 법령에서 '고등교육법'에 따른 대학을 졸업한 자와 동등 이상의 학력이 있다고 인정하는 자로서 보건복지가족부령으로 정하는 사회복지학 전공 과목과 사회복지 관련 교과목을 이수한 자

■ 외국의 대학 또는 대학원에서 사회복지학 또는 사회사업학을 전공하고 학사학위 이상을 취득한 자로서 제1호 및 제2호의 자격과 동등하다고 보건복지가족부 장관이 인정하는 자

■ 별표 1의 사회복지사 2급 자격기준란 라목 내지 사목에 해당하는 자로서 시험일 현재 1년 이상 사회복지사업의 실무 경험이 있는 자

〈시험 과목〉

- 사회복지기초(인간행동과 사회환경 및 사회복지조사론)
- 사회복지실천(사회복지실천론, 사회복지실천기술론 및 지역사회복지론)
- 사회복지정책과 제도(사회복지정책론, 사회복지행정론 및 사회복지법제론)

〈합격 기준〉

■ 사회복지기초(60점) : 인간행동과 사회환경(30점) 사회복지조사론(30점)

■ 사회복지실천(90점) : 사회복지실천론(30점), 사회복지실천기술론(30점), 지역사회복지론(30점)

■ 사회복지정책과제도(90점) : 사회복지정책론(30점), 사회복지행정론(30점), 사회복지 법제론(30점)

- 매 과목 4할 이상 점수를 받아야 하고, 전체적으로 전 과목 총점의 6할 이상의 점수를 받은 자를 합격 예정자로 결정.
- 합격 예정자에 대해서는 한국사회복지사협회에서 응시자격 서류 심사를 실시하며, 심사 결과 부적격 사유에 해당하거나 응시자격 서류를 정해진 기한 내에 제출하지 않는 경우에는 합격을 취소함.

〈1급 사회복지사 자격증 취득 현황〉

2003년 처음 실시한 제1회 사회복지사 1급 국가시험에서 총 5,190명이 응시하여 약 67%인 3,487명이 합격하였다.

그런데 2회부터 합격률이 점점 낮아져 2010년에는 응시자의 약 42%만 합격하였다. 이는 사회복지사 국가시험이 어려워져서 그럴 수도 있겠지만, 가장 큰 원인은 응시자들이 열심히 공부하지 않는 데 있는 것 같다. 공무원 채용 시험 준비 하듯 시간 여유를 가지고 미리 준비한다면 합격률이 훨씬 높아질 것으로 보인다.

〈연도별 사회복지사 1급 국가시험 현황〉

연도	2003년	2005년	2010년	2016년	2018년	2020년	2023년
합격자	3,487명	3,731명	3,700명	9,919명	7,352명	8,388명	9,673명

2급 사회복지사

사회복지사는 1급을 제외한 2급과 3급 자격증은 일정한 교육과정을 마치거나 실무 경험을 쌓으면 별도의 시험 없이 신청하면 자동으로 주어진다.

■ '고등교육법'에 따른 대학원에서 사회복지학 또는 사회사업학을 전공하고 석사학위 또는 박사학위를 취득한 자. 다만, 대학에서 사회복지학 또는 사회사업학을 전공하지 아니하고 동 석사학위를 취득한 자는 보건복지가족부령이 정하는 사회복지학 전공 교과목과 사회복지 관련 교과목 중 사회복지 현장실습을 포함한 필수과목 6과목 이상(대학에서 이수한 교과목을 포함하되, 대학원에서 과목 이상을 이수하여야 한다), 선택 과목 2과목 이상을 각각 이수한 경우에 한하여 사회복지사 자격을 인정한다.

■ '고등교육법'에 따른 대학에서 보건복지가족부령이 정하는 사회복지학 전공 교과목과 사회복지 관련 교과목을 이수하고 학사학위를 취득한 자

■ 법령에서 '고등교육법'에 따른 대학을 졸업한 자와 동등 이상의 학력이 있다고 인정하는 자로서 보건복지가족부령이 정하는 사회복지학 전공 과목과 사회복지 관련 교과목을 이수한 자

■ '고등교육법'에 따른 전문대학에서 보건복지가족부령이 정하는 사회복지학 전공 교과목과 사회복지 관련 교과목을 이수하고 졸업한 자

■ 법령에서 '고등교육법'에 따른 전문대학을 졸업한 자와 동등 이상의 학력이 있다고 인정하는 자로서 보건복지가족부령이 정하는 사회복지학 전공 교과목과 사회복지 관련 교과목을 이수한 자

■ '고등교육법'에 따른 대학을 졸업하거나 이와 동등 이상의 학력이 있는 자로서 보건복지가족부 장관이 지정하는 교육훈련기관에서 12주 이상 사회복지사업에 관한 교육훈련을 이수한 자

■ 사회복지사 3급 자격증 소지자로서 3년 이상 사회복지사업의 실무 경험이 있는 자

3급 사회복지사

■ '고등교육법'에 따른 전문대학을 졸업한 자 또는 법령에서 이와 동등 이상의 학력이 있다고 인정하는 자로서 보건복지가족부 장관이 지정하는 교육훈련기관에서 12주 이상 사회복지사업에 관한 교육훈련을 이수한 자

■ 고등학교를 졸업하거나 이와 동등 이상의 학력이 있는 자로서 보건복지가족부 장관이 지정하는 교육훈련기관에서 24주 이상 사회복지사업에 관한 교육훈련을 이수한 자

■ 3년 이상 사회복지사업의 실무 경험이 있는 자로서 보건복지가족부 장관이 지정하는 교육훈련기관에서 24주 이상 사회복지사업에 관한 교육훈련을 이수한 자

■ 법 제2조 제1항의 규정에 의한 업무에 8급 또는 8급 상당 이상으로 3년 이상 종사한 공무원으로서 보건복지가족부 장관이 지정하는 교육훈련기관에서 4주 이상 사회복지사업에 관한 교육훈련을 이수한 자

실광명종합사회복지관

02 사회복지사 교육기관

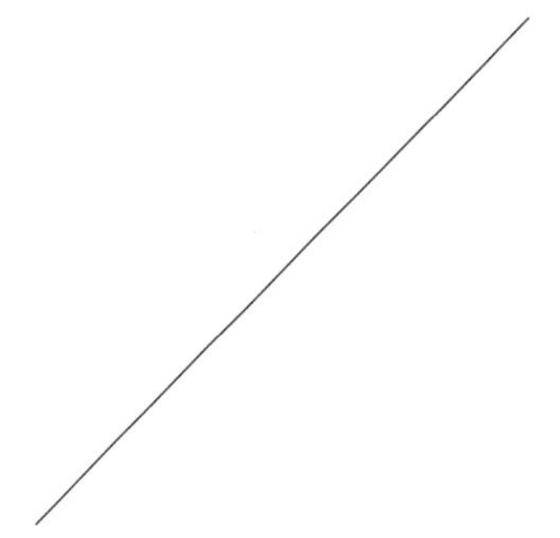

사회복지사 양성 교육훈련기관

사회복지사 양성 교육은 사회복지법인 또는 사회복지시설에 재직 중인 자에 한해 보건복지부 장관이 지정하는 교육훈련기관에서 사회복지사업에 관한 교육훈련을 이수하면 자격 취득이 가능한 과정이다. 즉, 교육 대상 및 교육 일정 등에 관한 사항은 매년 보건복지부 양성교육운영지침에 따라 변경 적용될 수 있다.

2023년 현재 보건복지부 장관이 지정한 사회복지사 양성 교육훈련기관은 명지대학교와 경남정보대학 두 곳이다. 이 기관은 사회복지사 자격증이 없지만 실제 사회복지 관련 일을 하고 있는 민간인이나 공무원을 대상으로 일정 기간 교육훈련을 시킨 뒤 사회복지사 자격증을 준다.

〈대상〉

■ 민간인

사회복지법인이나 사회복지시설에서 1년 이상 동안 사회복지 관련 일을 하고 있는 사람. 단 고등학교 중퇴 이하의 학력을 가지고 있는 자는 3년 이상 근무 경력이 있어야 한다.

■ 공무원

복지 업무를 취급하는 8급 또는 8급 상당 이상의 공무원으로 3년 이상 복지에 관한 일을 한 사람.

〈교육 기간〉

■ 고등학교 졸업자나 그 이하의 학력 소지자 : 24주

■ 전문대 졸업 이상의 학력 소지자 : 12주

■ 공무원 : 6주

〈교육 후 받은 자격증〉

■ 전문대 졸업 이하의 학력 소지자 : 사회복지사 3급

■ 대학 졸업 이상의 학력 소지자 : 사회복지사 2급

■ 공무원 : 사회복지사 3급

사회복지사 교육기관

사회복지사가 되기 위해서 전문대, 4년제 대학, 대학원을 다니면 된다. 많은 대학교에서 사회복지과를 개설하고 있으므로 본인이 원하는 대학에 진학해서 공부 후 졸업하면 사회복지사가 될 수 있다.

외국 대학을 졸업 후 우리나라에서 사회복지사로 활동할 수도 있다. 외국의 대학 또는 대학원에서 사회복지학 또는 사회사업학을 전공하고 학사학위 이상의 학위를 취득한 자로서, 등급별 자격 기준과 동등한 학력이 있다고 보건복지가족부 장관이 인정하는 경우에는 당해 등급의 사회복지사 자격증을 발급할 수 있다.

- 해당국 교육 관련 법규에 의하여 설치된 대학 또는 대학원이어야 함.
- 외국 대학의 국내 분교일 경우 교육과학기술부의 인가를 받은 학교여야 함.
- 우리나라의 사회복지사제도와 같은 사회복지 전문가 양성을 목적으로 하는 사회복지학 또는 사회복지 관련학을 전공할 것.
- 사회복지사업법 시행규칙 제3조의 「사회복지학 전공 교과목과 사회복지관련 교과목」에 준하는 교과목을 이수할 것.

※ 외국대학의 사회복지학을 국내에서 통신 과정으로 이수한 자는 사회복지사 자격 기준에 해당하지 아니함(대법원 2003.4.9. 선고 2002두13017 판결).

〈연도별 사회복지학과 개설 교육기관 수〉

구분	전문대	대학	대학원	합계
2007년	119개	234개	256개	609개
2018년	231개	218개	270개	719개
2023년	185개	167개	266개	618개

Part Four

Reference

01 외국의 사회복지사 제도

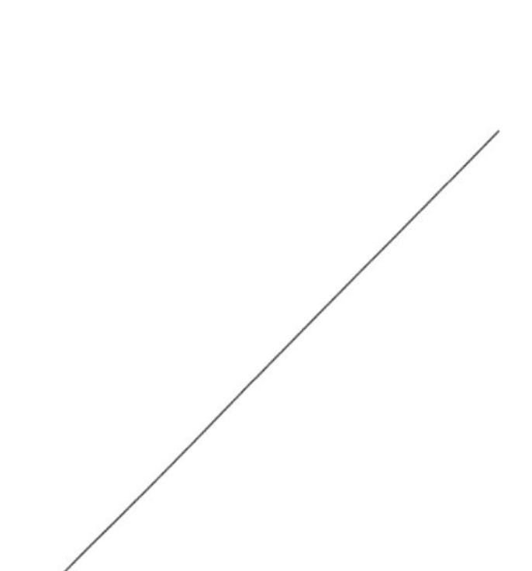

미국

미국은 사회복지사 제도가 비교적 세분화되어 있다. 각 주마다 사회복지사에 대한 법률적 규정, 시험제도, 자격 등이 서로 다르다. 일반적으로 대학원 석사학위 이상을 가진 자로서, 사회복지사 시험에 합격하거나 또는 사회복지사 자격이 있다고 인정되는 경우에 의사처럼 사회복지사 면허증을 주거나 자격증을 발급해 준다. 경우에 따라서는 사회복지사 자격을 갖춘 사람들을 주 정부에 등록하게 하여 전문인으로 활동하도록 보호하고 있다.

이러한 측면에서 볼 때 미국에서는 사회복지사를 일종의 사회적 전문가로 생각하고 있음을 알 수 있다. 이는 사회복지서비스가 현대 사회에서 그만큼 중요한 부분을 차지하고 있다는 뜻이기도 하다.

한편 대학원을 졸업하지 않고 대학만 졸업한 사람들은 사회복지 관련 프로그램을 다시 공부한 뒤 사회서비스 기능사(Social Service Technician)로 일하거나, 아니면 사회서비스 보조원(Social Service Aide)으로 일할 수 있다.

이밖에도 국가나 주정부에서 법적으로 인정해 주지는 않지만 사회복지사업계에서 일반적으로 통용되는 민간 사회복지사 자격제도가 있다. 이는 주로 사회복지 업무와 관련된 민간 전문단체나 기구에서 발급하는 것인데 공인사회복지사학회증(ACSW), 임상사회복지사자격증(QCSW), 전문임상사회복지사자격증(DCSW) 등이 있다. 주로 사회복지사 자격증을 가지고 있거나 사회복지학 석사나 박사 학위를 받은 사람, 또는 일반 석사학위 이상을 받은 사람으로서 2년 이상 사회복지 관련 실무 경험을 갖춘 자에게 발급한다. 그러나 경우에 따라서는 시험이나 추천을 거치기도 한다.

일본

일본에서 사회복지사의 활동은 공공 행정을 중심으로 시작되었다 하지만 지금은 민간 활동 분야로 급격히 확대되어 가고 있다. 특히 일본의 사회복지사는 기본적인 의료 지식 및 간호 지식을 갖추어야 하기 때문에 한 단계 업그레이드된 사회복지사라고 할 수 있다.

일본에서 사회복지사가 되려면 일반적으로 4년제 대학에서 사회복지사와 관련하여 정부가 지정한 과목을 모두 이수하고 졸업한 뒤 1년에 한 번 후생노동부 장관이 시행하는 사회복지사 시험에 합격해야 한다.

그러나 일본에는 사회복지와 관련된 2년제 또는 3년제 전문대학도 있다. 이러한 전문대학을 졸업한 사람은 4년제 대학에 비하여 부족한 공부 기간만큼 정부가 정한 '지정시설'에서 실무 경험을 쌓아야만 사회복지사에 응시할 수 있는 자격이 주어진다. 다시 말해 2년제 대학의 사회복지학과를 졸업한 사람은 2년, 3년제 사회복지학과 졸업생은 1년 이상의 실무 경험을 거쳐야 비로소 사회복지사 시험을 볼 수 있다.

그런데 이러한 경우는 전문대나 일반대 할 것 없이 사회복지 관련 학과에서 정부가 지정한 필수과목을 모두 이수하고 졸업해야만 한다. 만일 대학에서 필수과목을 모두 이수하지 못하고 사회복지와 관련한 기초과목만 배웠다면 앞에서 말한 실무 경험과 함께 정부가 별도로 지정한 학교나 '사회복지사 단기 양성 시설'에서 6개월 이상 사회복지사로서 필요한 지식과 기술을 배워야만 사회복지사 응시 자격이 주어진다.

또 사회복지학과와 전혀 관계 없는 학과의 졸업자로서 사회복지사가 되고자 할 경우에는 앞에서 말한 실무 경험(2년제 대학 졸업-2년 실무 경험, 3년제 대학 졸업-1년 실무 경험, 4년제 대학 졸업-필요 없음)을 한 상태에서 정부가 지정한 학교나 '사회복지사 일반 양성 시설'에 입학하여 1년 이상 공부를 해야만 사회복지사 응시 자격을 준다.

이밖에도 아동복지법상의 '어린이상담원', 신체장애자복지법상의 '신체장애자복지사', 복지사무소에서 사회복지법에서 규정한 일을 하는 '복지지도원', 지적장애자복지법상의 '지적장애자복지사' 및 노인복지법상의 '사회복지주사' 등으로 4년 이상 근무한 뒤 '사회복지사 단기 양성 시설'에서 6개월 이상 공부한 사람에게도 사회복지사 응시 자격을 준다.

이러한 과정을 거쳐 사회복지사로 활동하는 사람은 사회복지서비스를 받는 사람의 입장에서 성실하게 일을 해야 한다. 또한 시시각각 변하는 사회복지 환경에 잘 적응하기 위하여 전문 지식과 기술 향상에 노력하는 것은 물론, 복지서비스와 관련된 보건의료서비스와 그 밖의 서비스가 종합적이고도 적절하게 제공될 수 있도록 연구해야 할 의무를 갖는다(『사회복지사법 및 개호복지사법』, 일본, 헤이세이 19년 12월 5일 개정 참조).

프랑스

프랑스에서 사회복지사는 Assistant de service social 또는 Assistant social로 불리는데, 어려움에 처한 사람들에게 맞춤형 사회복지서비스를 제공한다. 그들은 수혜자의 상황을 분석하는 것은 물론, 사회복지 관련 법규에 규정된 권리를 알려주고 이를 신청하는 행정 서류 작성을 도와준다. 이들은 사무실이나 관계기관에서 주로 일하지만 가정을 방문하기도 한다.

현재 이 직업의 약 95%가 여성으로, 이들은 사회적 약자인 수혜자들과 인간적 신뢰 관계를 구축하는 것을 중요시한다.

프랑스의 사회복지사는 팀의 지원을 받지만 혼자 자율적 활동을 많이 하기 때문에 다양한 수혜자들의 어려움을 효율적으로 해결하려면 시간 관리를 잘 해야 하고, 관련 법규나 기관의 업무에도 정통해야 한다.

이들의 절반 정도는 지방의회에 고용되며, 주로 구역별로 나뉘어 일한다. 이밖에 시청·학교·병원·교도소·사회복지기관·연금기관·가족복지기관 등에 취직해 일하며, 이들의 활동은 공공기관의 개입으로 여겨 누구도 함부로 하지 못한다. 이들은 다양한 사회기관과 협조하여 건강·사회복지·영유아 복지·노후문제 등 많은 분야에서 일하는데, 직장을 자주 옮겨 다니는 편이다.

사회복지사가 되기 위해서는 사회복지사 국가자격증을 받아야 하는데, 이는 일정한 교육기관에서 공부한 후에 필기시험과 면접에 통과한 사람에게만 발급한다.

사회복지사를 양성하는 교육기관은 현재 프랑스 전국에 66개가 있다. 여기에 입학하기 위해서는 대학 입학 자격을 얻었거나, 또는 이와 동등한 자격을 갖고 있거나, 아니면 입학시험에 합격해야 한다. 입학시험은 대학입학자격시험 수준이며, 수업 기간은

2년이다.

이러한 교육과정은 대학 이외의 지역 직업전문학교에서도 운영하기 때문에 반드시 대학의 사회복지학과를 졸업해야 하는 것은 아니다. 하지만 교육과정을 모두 끝냈다고 해서 자동으로 사회복지사 자격증을 주는 것은 아니다. 앞서 말한 것처럼 필기시험과 면접시험을 통과해야만 한다. 이 시험은 아주 어렵기 때문에 시험을 준비할 수 있는 학원도 있다.

영국

영국에서도 사회복지에 대한 관심이 높아지면서 보다 전문적인 지식과 사회복지서비스 제공 기술이 필요하다고 생각해 대학과 사회복지기관이 서로 연계하여 사회복지사를 양성하고 있다. 그리하여 교육과정의 반은 대학에서 배우고 나머지 반은 사회복지 전문기관에서 실습한다.

그런데 갈수록 사회복지사의 전문성이 필요해지자, 대학은 2년 과정인 '사회복지사 자격증 프로그램' 말고도 3년 과정인 '사회복지사 대학 학사과정(영국의 대학은 우리나라와 달리 3년제임) 프로그램'을 별도로 운영하고 있다. 물론 대학의 사회복지사 교육과정을 반드시 거쳐야 하는 것은 아니다. 우리나라의 방송통신대학이나 평생교육원 같은 기관에서도 사회복지사 과정을 공부할 수 있다.

영국에서 사회복지사 자격증은 '사회복지 교육·훈련 중앙위원회'에서 발급하는데, 이 자격증을 받으려면 최소한 22세가 넘어야 한다. 일반적으로 The Diploma in Social Work(약칭 Dip SW)라고 말하는 사회복지사가 되려면 2년 또는 3년에 걸쳐 사회복지에 관한 이론과 전문지식, 사회복지서비스 수요 조사 분석 방법, 면접 기술, 복지서비스 제공 기술 등에 관하여 교육을 받고 실습을 거쳐야 한다.

그런데 오늘날 사회복지 분야의 전문성이 대두되면서 보다 높은 교육 수준을 요구하는 경향이 나타나 2년제 대학 교육과정은 점차 3년제 과정으로 바뀌어 가고 있다.

그리고 사회복지사 자격증을 이미 가지고 있는 사람이 현장 교육 학점이 인정되는 평생교육 프로그램을 이수하면 전문사회복지사자격증(The Post Qualifying Award in Social Work : PQSW)을 준다.

영국에서도 사회복지서비스 제공과 관련된 일은 지방자치단체의 사회복지국에서 관장하므로 사회복지사들은 주로 지방자치단체와 같은 공공 행정기관에서 일하지만, 자원봉사 단체나 민간 단체에서 일하기도 한다.

02 사회복지 관련 법령 자료

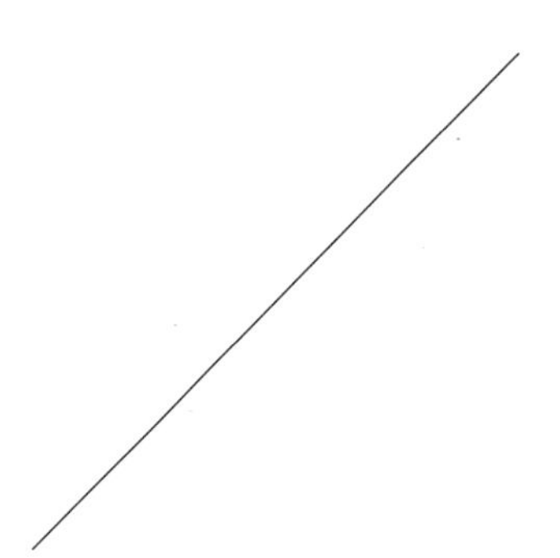

사회복지사업법

제11조(사회복지사 자격증의 발급 등)

① 보건복지부장관은 사회복지에 관한 전문지식과 기술을 가진 사람에게 사회복지사 자격증을 발급할 수 있다. 다만, 자격증 발급 신청일 기준으로 제11조의2에 따른 결격사유에 해당하는 사람에게 자격증을 발급해서는 아니 된다.

② 제1항에 따른 사회복지사의 등급은 1급·2급으로 하되, 정신건강·의료·학교 영역에 대해서는 영역별로 정신건강사회복지사·의료사회복지사·학교사회복지사의 자격을 부여할 수 있다.

③ 사회복지사 1급 자격은 국가시험에 합격한 사람에게 부여하고, 정신건강사회복지사·의료사회복지사·학교사회복지사의 자격은 1급 사회복지사의 자격이 있는 사람 중에서 보건복지부령으로 정하는 수련기관에서 수련을 받은 사람에게 부여한다.

④ 제2항에 따른 사회복지사의 등급별·영역별 자격기준 및 자격증의 발급절차 등은 대통령령으로 정한다.

⑤ 보건복지부장관은 제4항에 따른 사회복지사 자격증을 발급받거나 재발급받으려는 사람에게 보건복지부령으로 정하는 바에 따라 수수료를 내게 할 수 있다.
⑥ 제1항에 따라 사회복지사 자격증을 발급받은 사람은 다른 사람에게 그 자격증을 빌려주어서는 아니 되고, 누구든지 그 자격증을 빌려서는 아니 된다.
⑦ 누구든지 제6항에 따라 금지된 행위를 알선하여서는 아니 된다.

제11조의2(사회복지사의 결격사유)
다음 각 호의 어느 하나에 해당하는 사람은 사회복지사가 될 수 없다.
1. 피성년후견인 또는 피한정후견인
2. 금고 이상의 형을 선고받고 그 집행이 끝나지 아니하였거나 그 집행을 받지 아니하기로 확정되지 아니한 사람
3. 법원의 판결에 따라 자격이 상실되거나 정지된 사람
4. 마약·대마 또는 향정신성의약품의 중독자
5. 「정신건강증진 및 정신질환자 복지서비스 지원에 관한 법률」 제3조제1호에 따른 정신질환자. 다만, 전문의가 사회복지사로서 적합하다고 인정하는 사람은 그러하지 아니하다.

제12조(국가시험)
① 제11조제3항에 따른 국가시험은 보건복지부장관이 시행하되, 시험의 관리는 대통령령으로 정하는 바에 따라 시험관리능력이 있다고 인정되는 관계 전문기관에 위탁할 수 있다.
② 보건복지부장관은 제1항에 따라 국가시험의 관리를 위탁하였을 때에는 그에 드는 비용을 예산의 범위에서 보조할 수 있다.
③ 제1항에 따라 시험의 관리를 위탁받은 기관은 보건복지부장관의 승인을 받아 정한 금액을 응시수수료로 받을 수 있다.
④ 시험 과목, 응시자격 등 시험의 실시에 필요한 사항은 대통령령으로 정한다.

제13조(사회복지사의 채용 및 교육 등)
① 사회복지법인 및 사회복지시설을 설치·운영하는 자는 대통령령으로 정하는 바에 따라 사회복지사를 그 종사자로 채용하고, 보고방법·보고주기 등 보건복지부령으로 정하는 바에 따라 특별시장·광역시장·특별자치시장·도지사·특별자치도지사(이하 "시·도지사"라 한다) 또는 시장·군수·구청장에게 사회복지사의 임면에 관한 사항을 보고하여야 한다. 다만, 대통령령으로 정하는 사회복지시설은 그러하지 아니하다.
② 보건복지부장관은 사회복지사의 자질 향상을 위하여 필요하다고 인정하면 사회복지사에게 교육을 받도록 명할 수 있다. 다만, 사회복지법인 또는 사회복지시설에 종사하는 사회복지사는 정기적으로 인권에 관한 내용이 포함된 보수교육(補修教育)을 받아야 한다.
③ 사회복지법인 또는 사회복지시설을 운영하는 자는 그 법인 또는 시설에 종사하는 사회복지사에

대하여 제2항 단서에 따른 교육을 이유로 불리한 처분을 하여서는 아니 된다.

④ 보건복지부장관은 제2항에 따른 교육을 보건복지부령으로 정하는 기관 또는 단체에 위탁할 수 있다.

⑤ 제2항에 따른 교육의 기간·방법 및 내용과 제4항에 따른 위탁 등에 관하여 필요한 사항은 보건복지부령으로 정한다.

© Kzenon

사회복지사업법 시행령

제3조(국가시험의 시행 등)

① 보건복지부장관은 법 제12조의 규정에 의한 사회복지사 1급의 국가시험(이하 "시험"이라 한다)을 매년 1회이상 실시하여야 한다.

② 보건복지부장관은 법 제12조제1항에 따라 다음 각 호의 어느 하나에 해당하는 관계전문기관을 시험관리기관으로 지정하여 시험관리업무를 위탁한다.

1. 시험에 관한 조사·연구 등을 통하여 시험에 관한 전문적인 능력을 갖춘 비영리법인
2. 사회복지에 관한 전문지식과 기술을 갖춘 비영리법인
3. 「한국산업인력공단법」에 따른 한국산업인력공단

③ 시험관리기관의 장은 제1항에 따른 시험을 실시하고자 하는 때에는 미리 보건복지부장관의 승인을 얻어 시험일시·시험장소·시험과목·응시원서의 제출기간·응시수수료의 반환기준, 그 밖에 필요한 사항을 시험일 90일 전까지 공고하여야 한다. 이 경우 응시수수료의 반환기준은 보건복지부령으로 정한다.

④ 시험은 필기시험의 방법에 의하여 실시하며, 그 시험과목은 별표 2와 같다.

⑤ 시험의 합격결정에 있어서는 매 과목 4할이상, 전 과목 총점의 6할이상을 득점한 자를 합격자로 한다.

제6조(사회복지사의 채용)

① 법 제13조제1항 본문에 따라 사회복지법인 또는 사회복지시설을 설치·운영하는 자는 해당 법인 또는 시설에서 다음 각 호에 해당하는 업무에 종사하는 자를 사회복지사로 채용하여야 한다. 다만, 법 제2조제1호 각 목의 법률에서 따로 정하고 있는 경우에는 그에 의한다.

1. 사회복지프로그램의 개발 및 운영업무
2. 시설거주자의 생활지도업무
3. 사회복지를 필요로 하는 사람에 대한 상담업무

② 법 제13조제1항 단서에서 "대통령령으로 정하는 사회복지시설"이란 다음 각 호의 시설을 말한다.

1. 「노인복지법」에 따른 노인여가복지시설(노인복지관은 제외한다)
2. 「장애인복지법」에 따른 장애인 지역사회재활시설 중 수화통역센터, 점자도서관, 점자도서 및 녹음서 출판시설
3. 「영유아보육법」에 따른 어린이집
4. 「성매매방지 및 피해자보호 등에 관한 법률」 제9조에 따른 성매매피해자등을 위한 지원시설 및

같은 법 제17조에 따른 성매매피해상담소
5. 「정신건강증진 및 정신질환자 복지서비스 지원에 관한 법률」 제3조제6호 및 제7호에 따른 정신요양시설 및 정신재활시설
6. 「성폭력방지 및 피해자보호 등에 관한 법률」에 따른 성폭력피해상담소

© addkm

사회복지사업법 시행규칙

제5조(사회복지사 임면사항 보고 및 보수교육 등)

① 사회복지법인 및 사회복지시설을 설치·운영하는 자는 법 제13조제1항에 따라 매월 말일까지 서면 또는 법 제6조의2제1항에 따른 정보시스템을 통하여 별지 제4호의3서식에 따른 사회복지사의 임면에 관한 사항을 특별시장·광역시장·특별자치시장·도지사·특별자치도지사(이하 "시·도지사"라 한다) 또는 시장(「제주특별자치도 설치 및 국제자유도시 조성을 위한 특별법」 제11조제2항에 따른 행정시장을 포함한다. 이하 같다)·군수·구청장(자치구의 구청장을 말한다. 이하 같다)에게 보고해야 한다.

② 법 제13조제2항 본문에 따라 의료사회복지사 또는 학교사회복지사의 자격을 가지고 해당 자격과 관련된 업무에 종사하는 사람은 연간 12시간 이상의 보수교육을 받아야 한다. 다만, 다음 각 호의 어느 하나에 해당하는 사람에 대해서는 보수교육을 면제한다.

1. 군복무, 질병, 해외체류, 휴직 등 부득이한 사유로 해당 연도에 6개월 이상의 기간 동안 해당 자격과 관련된 업무에 종사하지 않은 사람
2. 「고등교육법」 제2조에 따른 학교에서 사회복지학 또는 사회사업학을 전공하고 있는 사람
3. 그 밖에 불가피한 사유로 보수교육을 받기가 곤란하다고 보건복지부장관이 인정하는 사람

③ 법 제13조제2항 단서에 따라 사회복지법인 또는 사회복지시설에 종사하는 사회복지사는 연간 8시간 이상의 보수교육을 받아야 한다. 다만, 다음 각 호의 어느 하나에 해당하는 자에 대해서는 보수교육을 면제한다.

1. 군복무, 질병, 해외체류, 휴직 등 부득이한 사유로 해당 연도에 6개월 이상 사회복지법인 또는 사회복지시설에 종사하지 아니한 자
2. 법 제2조제1호 각 목의 법률에 따른 보수교육을 받은 자

2의2. 「고등교육법」 제2조에 따른 학교에서 사회복지학 또는 사회사업학을 전공하고 있는 사람

3. 그 밖에 불가피한 사유로 보수교육을 받기가 곤란하다고 보건복지부장관이 인정하는 자

④ 제2항 각 호 외의 부분 단서 및 제3항 각 호 외의 부분 단서에 따라 보수교육이 면제되는 자는 별지 제5호서식의 사회복지사 보수교육 면제신청서에 면제대상자임을 증명할 수 있는 서류를 첨부하여 제6항에 따른 협회의 장에게 제출해야 한다.

⑤ 제3항에 따른 보수교육에는 사회복지윤리 및 인권보호, 사회복지정책 및 사회복지실천기술 등이 포함되어야 한다.

⑥ 법 제13조제4항에 따라 보건복지부장관은 제2항 및 제3항에 따른 교육을 협회, 사회복지관계 기관 또는 단체에 위탁할 수 있다.

⑦ 보건복지부장관은 제6항에 따라 교육을 위탁한 때에는 위탁받은 협회, 기관 또는 단체(이하 "수탁기관"이라 한다) 및 위탁업무의 내용을 고시하여야 한다.
⑧ 수탁기관은 다음 각 호의 어느 하나에 해당하는 시설이나 기관을 운영하는 자에게 보수교육 대상자명단 제출을 요청할 수 있다.

1. 사회복지법인
2. 사회복지시설
3. 「의료법」 제3조에 따른 의료기관
4. 「초·중등교육법」 제2조에 따른 학교
5. 그 밖에 의료사회복지사 또는 학교사회복지사의 자격과 관련된 업무를 수행한다고 보건복지부장관이 인정하는 시설 또는 기관

제23조의2(사회복지관의 운영기준)
①사회복지관에는 사무분야와 별표 3에 따른 사업분야별로 이를 수행할 수 있는 직원을 각각 두거나 겸직할 수 있도록 하며, 사회복지관의 인력 기준은 별표 3의2와 같다.
②사회복지관의 관장과 각 분야별 책임자는 다음 각 호의 자격을 갖춘 자로 하여야 한다.

1. 관장 : 2급 이상의 사회복지사자격증 소지자 또는 이와 동등한 자격이 있다고 법 제36조에 따른 운영위원회(이하 "운영위원회"라 한다)에서 인정한 자
2. 사무분야의 책임자 : 3급 이상의 사회복지사자격증 소지자 또는 이와 동등한 자격이 있다고 운영위원회에서 인정한 자
3. 그 밖의 사업분야의 책임자 : 해당 분야의 자격증 소지자

③사회복지관의 관장은 별표 3에 해당하는 사업중 지역사회의 특성과 지역주민의 복지욕구를 고려한 사업을 선택하여 복지사업을 수행하여야 한다.
④사회복지관의 관장은 지역주민의 복지욕구에 대한 조사, 관계행정기관 및 단체의 의견을 수렴하여 매년도의 사회복지관 복지사업계획을 수립하여야 한다.
⑦사회복지관의 관장은 보건복지부장관이 정하는 바에 따라 사회복지관현황보고서를 매년 1월말까지 시장·군수·구청장 및 시·도지사를 거쳐 보건복지부장관에게 제출하여야 한다.

행복한 직업 찾기

나의 직업 사회복지사

초판 1쇄 인쇄 2013년 11월 8일

개정판 1쇄 인쇄 2023년 9월 1일
개정판 1쇄 발행 2023년 9월 10일

글 | 꿈디자인LAB
펴 낸 곳 | 동천출판
사 진 | 광명종합사회복지관. shutterstock.

등 록 | 2013년 4월 9일 제319-2013-25호
주 소 | 서울특별시 서초구 효령로 60길 15(서초동, 202호)
전화번호 | (02) 588 - 8485
팩 스 | (02) 583 - 8480
전자우편 | dongcheon35@naver.com

값 18,000원
ISBN 979-11-85488-80-6 (44370)
979-11-85488-05-9 (세트)

*잘못 만들어진 책은 구입하신 서점에서 바꿔 드립니다.